St. Hubertus

Kochen mit Norbert Niederkofler

Karin und Udo Bernhart

ATHESIA

2003

Fotografie & Konzept: Udo Bernhart
Rezepte: Norbert Niederkofler
Patisserie: Michael Billovits
Texte & Textbearbeitung: Karin Bernhart
Grafikdesign: Blauhaus, Bozen
Druck: cierre grafica, Verona
ISBN 88-8266-241-1
www.athesiabuch.it
buchverlag@athesia.it

St. Hubertus

Kochen mit Norbert Niederkofler

Karin und Udo Bernhart

Inhaltsverzeichnis

[Making of

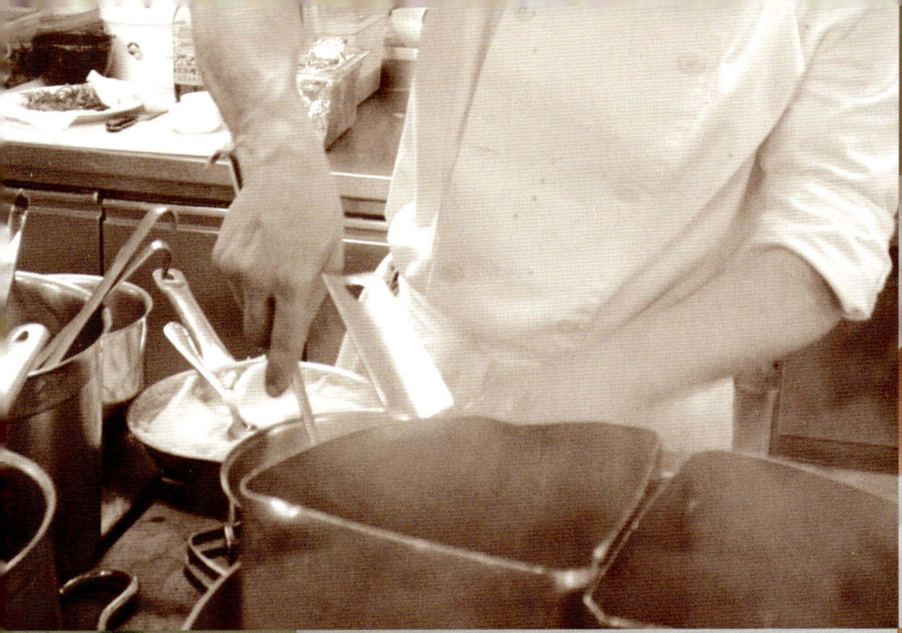

“The best things in life are the simple things…“

Joe Cocker

Die besten Dinge im Leben sind die einfachen. Da hat der große Rock- und Bluessänger Joe Cocker zweifellos Recht. Ein gutes Glas Wein, Olivenöl und frisches Brot, ein Gespräch mit Freunden – mehr braucht man im Grunde nicht zum Glücklichsein.

„Doch das Einfache ist zugleich auch immer das Schwerste“, davon ist Norbert Niederkofler überzeugt. Mit einem Pinselstrich mehr auszusagen als mit einem ganzen Bild, mit einem Satz mehr als mit einem Roman und mit einer Melodie mehr als mit einer ganzen Symphonie, das gelingt nur den allergrößten Künstlern. Dieser Grundsatz gilt für alle Bereiche des Lebens – auch für die Kochkunst.

Die Kenntnis und die Liebe zum Produkt ist ebenso essentiell wie das Gefühl für die Harmonie der Gewürze und das richtige Timing, um alles exakt auf den Punkt zu bringen. Nichts zu viel und nichts zu wenig, das macht den Unterschied aus zwischen einer ordentlichen und einer hervorragenden Küche.

„Make it simple and sexy." So bringt es Starkoch David Bouley aus New York, einer von Norbert Niederkoflers besten Freunden und zugleich größten Vorbildern, auf den Punkt. Einfach und genial, mit diesen Worten lässt sich Niederkoflers Küche vielleicht am besten beschreiben. In diesem

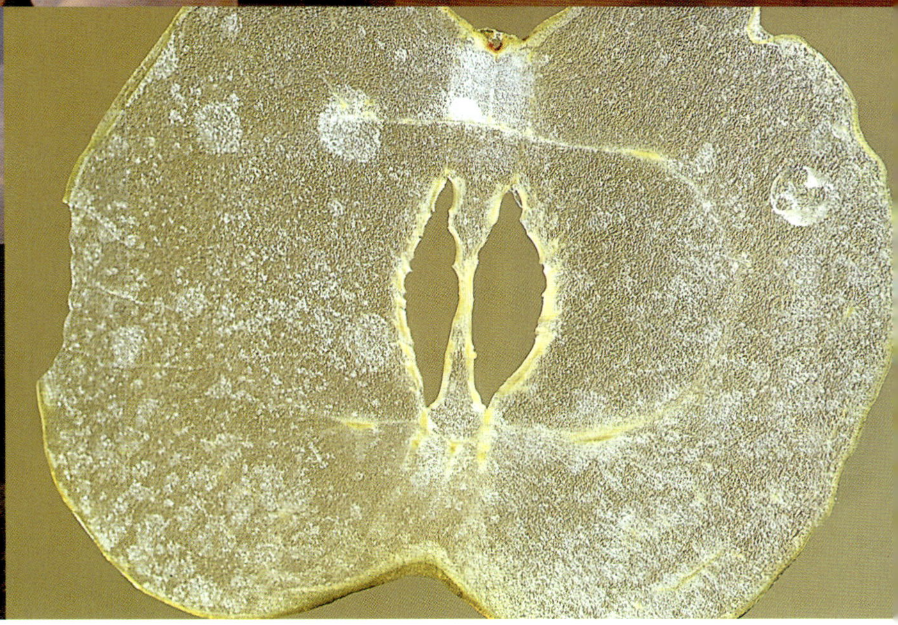

Kochbuch verrät der erfolgreiche Koch zum ersten Mal seine berühmtesten und besten Rezepte.
Ebenso wie man beim Ballett nicht die Mühe der Tänzer beim Training sieht – und auch nicht sehen soll – merkt man den Gerichten Niederkoflers zwar wohl ihre Genialität, aber selten ihre eigentliche Raffinesse in der Zubereitung an.
Albert Einstein soll einmal gesagt haben: „Erfolg besteht zu 95 Prozent aus Fleiß und zu fünf Prozent aus Genie." Norbert Niederkofler drückt das normalerweise prosaischer aus. „Immer Gas geben", lautet sein Motto.

In der Zwischensaison packt den unternehmungslustigen Ahrntaler jedoch oft genug das Reisefieber. Dann reist er durch Italien, jettet nach Mittelamerika oder nach New York, wo er sich in David Bouleys Küche neu inspirieren lässt. Preise, Auszeichnungen und höchstes Lob in der Fachpresse sind der Lohn für Niederkoflers Kreativität und seinen beharrlichen Fleiß. Seit dem Jahr 2000 ist das Restaurant St. Hubertus mit einem hochverdienten Michlinstern in den Kreis der internationalen Spitzenrestaurants aufgenommen worden. Bei diesem Lebenslauf vermag es natürlich

nicht zu verwundern, dass die Grundlagen von Norbert Niederkoflers Küche auf drei Säulen ruhen: Südtirol, Italien und der Welt. Die bodenständigen Rezepte der Alpen, die aus den Traditionen und den hier angebauten Produkten resultieren, werden bei Norbert Niederkofler auf originelle Weise neu kreiert. Klingen die Zutaten auch vertraut, so überrascht oft die Zubereitung, oder eine ungewöhnliche Zutat gibt dem bekannten Gericht eine vollkommen neue Richtung. Die mediterrane Küche Italiens ist für Niederkofler schlicht eine Lebenseinstellung. Die Vielfalt an frischen, leichten und gesunden Produkten lässt das Herz jedes kreativen Kochs höher schlagen und kann nur inspirierend wirken. Das Fernweh, das nach so vielen Jahren im Ausland Norbert Niederkofler von Zeit zu Zeit mit Unruhe

erfüllt, schlägt sich auch in seiner Küche nieder. Inspiration und Eindrücke von den Geschmäckern und Gerüchen ferner Länder haben eine ganze Reihe von neuen, kreativen Rezepten entstehen lassen, die durch exotische Zutaten oder originelle Kombinationen einen Hauch der großen, weiten Welt nach Südtirol bringen. Als begeisterter Sushi-Esser ist Norbert Niederkofler vor allem von der leichten asiatischen Fischküche fasziniert und einer seiner privaten Träume wäre die Eröffnung eines Sushi-Restaurants. Dass er Koch werden wollte, stand für den 1961 in Luttach geborenen Ahrntaler schon sehr früh fest. Aufgewachsen mit vier Schwestern, waren es im Hause Niederkofler doch sehr oft die Männer, die es an den Herd zog. Die Eltern führten ein Lebensmittelgeschäft und eine Pension. Vater Niederkofler, der auch für die Gäste der Pension kochte, war ein überzeugter Verfechter der einfachen, aber guten Hausmannskost. Für die Familie war gutes Essen immer schon wichtig, vor allem die Mutter legte (und legt bis heute) großen Wert auf die Verwendung von guten, frischen Lebensmitteln. Die Vielfalt der Produkte, die durch das Lebensmittelgeschäft immer zur Verfügung stand, wirkte zusätzlich inspirierend. Nach dem Besuch der Handelsschule wechselte Norbert Niederkofler in die Hotelfachschule am Tegernsee und arbeitete nach abgeschlossener Ausbildung in Sexten und Meran. Doch schon bald zog es den ehrgeizigen jungen Mann ins Ausland: Einige Jahre in der Schweiz, in Amerika (Cleveland und New York), in Deutschland (Hotel Überfahrt am Tegernsee) und in Österreich (Brunnenhof in Lech) folgten. Für weitere drei Jahre arbeitete Norbert Niederkofler bei Alfons Schuhbeck, auf Sylt bei Jörg Müller, in München in Eckart Witzigmanns Aubergine und bei Nadia Santini im Ristorante Pescatore. Seit 1994 ist der auch privat weit gereiste Südtiroler Koch wieder in der Heimat tätig und führt das Restaurant St. Hubertus im Hotel Rosa Alpina in St. Kassian im Gadertal. Mit der Hoteliersfamilie Pizzinini verbindet Norbert Niederkofler nicht nur eine sehr erfolgreiche Geschäftsbeziehung, sondern auch eine herzliche Freundschaft.

■ ■ ■

Trotz seiner Erfolge und dem Stammplatz, den er in der Riege der internationalen Spitzenköche inne hat, ist der sympathische Ahrntaler bescheiden und fleißig geblieben. Ganz egal ob Norbert Niederkofler heute exklusiv ein privates Menü für sechs Gäste kocht, morgen zusammen mit seinem eingespielten Team von Mitarbeitern das Catering für Gesellschaften von mehreren hundert Personen übernimmt, oder im Restaurant St. Hubertus im Hotel Rosa Alpina Tag für Tag auf höchstem Niveau rund 30 Feinschmecker verwöhnt. Die Ansprüche, die er bei Qualität, Perfektion und Kontinuität an sich selbst und sein Team stellt, sind hoch und erfüllen oder übertreffen meist die Erwartungen der Gäste. Die Philosophie des St. Hubertus ergänzt und betont den Stil, der im Hotel Rosa Alpina in St. Kassian gepflegt wird. Das Haus gehört zur Gruppe der Relais & Chateaux Hotels, was gleichzeitig Auszeichnung und Verpflichtung bedeutet. Denn die Gäste dieser Hotels erwarten schlicht und einfach immer nur das Beste. Und das gilt in ganz besonderem Maß auch stets für die Küche. Ehrliche Bodenständigkeit, die in den Traditionen der Dolomiten ihren Ursprung hat, und eine elegante Weltoffenheit und Internationalität machen einen Teil des Erfolgsrezepts aus. Nichts ist künstlich, kitschig oder überflüssig. Holz und Loden sind die dominanten Materialien,

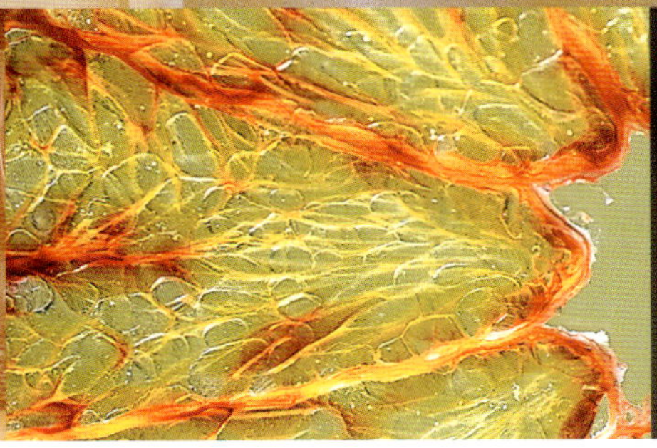

sparsam eingesetzte Dekoration lassen das Ambiente gemütlich, aber nicht bäuerlich, fein, aber nicht überkandidelt wirken. Dezent zieht sich das Motiv des Hirschen, als Reminiszenz an eine Jagdstube, durch das Restaurant: Hier der fein eingestickte Hirsch im weichen grauen Loden der Vorhänge, dort der silberne Hirschkopf als Blumenvase, einige Geweihe an den holzgetäfelten Wänden oder Jagdmotive auf den Kissen der Sofas vorm flackernden Kaminfeuer. Und selbstverständlich gehört Hirsch auch zu den traditionellen Spezialitäten, die im Restaurant nicht fehlen dürfen.

Essen ist heute mehr als nur die Aufnahme von Nahrung. Ein gutes Essen muss unterhalten, Gefühle und Stimmungen wecken und ein Erlebnis sein, das noch lange in Erinnerung bleibt. Mit etwas Übung und der erforderlichen Liebe zum Kochen kann das natürlich auch zu Hause gelingen. Die Anleitung dazu halten Sie in den Händen.

MASSETO

RESTAURANT
ST. HUBERTUS

[Südtirol .1]

Südtirol

„Die Südtiroler Küche ist natürlich meine Basis. Hier liegen meine Wurzeln und die wunderbaren Pressknödel meiner Mutter sind für mich auch heute noch das beste Essen, das ich mir vorstellen kann. In den letzten Jahrzehnten hat die traditionelle Südtiroler Küche enorm an Vielfalt und Qualität gewonnen und man versucht natürlich, wo immer es geht, die hervorragenden einheimischen Produkte einzusetzen. Milch, Topfen und Käse, Kraut und Kartoffeln, Fleisch und Pilze, Brot und Butter – das passt in unsere Landschaft, entspringt aus der bäuerlichen Tradition von Ackerbau und Viehzucht. Deshalb schmeckt es und darum fügt es sich in den typischen Südtiroler Gerichten auch so harmonisch zusammen."

„Brot...

... wurde, wie viele Traditionen der Alpen, ursprünglich aus Bayern und Österreich übernommen. Interessant ist in Südtirol sicherlich das Schüttelbrot, das durch seine Haltbarkeit ein geniales Lebensmittel für die Vorratshaltung war. Das Brotbacken ist eine Tradition, die früher sicher auch gesellschaftliche Aspekte hatte, weil sich mehrere Bauern eine Mühle oder einen Ofen teilten, wo man sich am Backtag traf. In letzter Zeit ist das Brotbacken im privaten Bereich wieder mehr in Mode gekommen, und auch wir im Restaurant St. Hubertus backen natürlich unser gesamtes Brot selbst. Der Trend geht heute wieder weg vom Weißbrot und hin zum dunklen Vollkorn- oder Sauerteigbrot, das übrigens mein persönliches Lieblingsbrot ist."

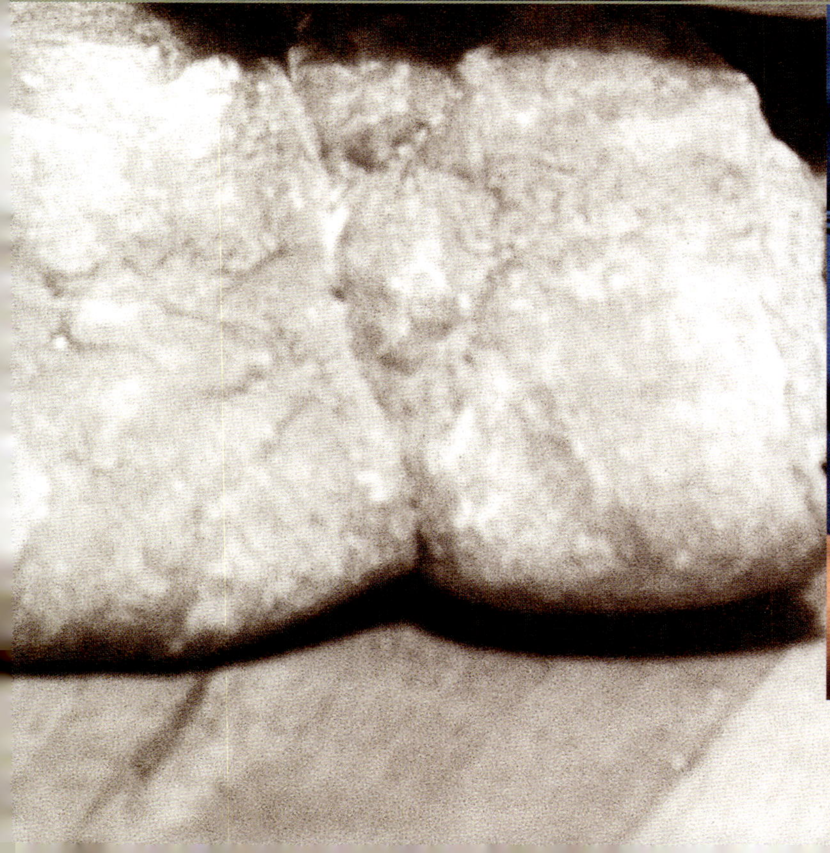

„Heu…

… verbinde ich mit vielen Kindheitserinnerungen. Es gibt keinen schöneren Duft als eine frisch gemähte Bergwiese. Viele Kräuter haben Heilwirkungen und Heu ist auch die Basis für alle guten Milchprodukte. Leider kann man das Heu selbst nicht essen, deshalb habe ich versucht, dieses herrliche Aroma einzufangen, indem ich Rinderfilet in Heu und in der Salzkruste gegart habe. Die Salzkruste verhindert, dass der Duft des Heues sich verflüchtigt und die Aromen aus dem Heu gehen auf das Fleisch über. Dieses Gericht ist seit Jahren einer der Klassiker im Restaurant St. Hubertus."

[„Butter…

… ist eines der perfektesten Lebensmittel, die es gibt. Meiner Meinung nach gibt es kaum etwas Köstlicheres als frische Bauernbutter auf einem Stück Sauerteigbrot. Ärgerlich ist nur, dass man gute Butter vom Bauernhof erstens nur schwer bekommt, und dass man sie zweitens wegen verschiedener Hygienegesetze in der Gastronomie nicht verwenden darf. Allem Öl-Kult zum Trotz gibt es eine ganze Reihe von Gerichten, die durch ein Stück Butter erst den richtigen Geschmack bekommen. Bei uns zu Hause gehörte eine Schüssel gekochte Kartoffeln mit Milch und Butter zu den Standardgerichten. An dieses Essen, das auch sehr kommunikativ war, weil jeder in die gleiche Schüssel griff, habe ich nur die besten Erinnerungen.“

[„Käse …

… aus Südtirol hat in den letzten Jahren an Qualität, Vielfalt und Image sehr gewonnen. Auf Südtirols Almen, wo früher die Milch nicht konserviert werden konnte, hat das Käsemachen eine lange Tradition. Für mich ist der ursprünglichste Südtiroler Käse der Graukäse, den man am besten einfach nur mit Zwiebeln, Rotweinessig und Öl genießt. Köstlich sind auch die Kasnocken in der Pfanne, ein altes Ahrntaler Rezept, das auch bei uns zu Hause oft und gern gegessen wurde.“

„Schnaps…

… wurde ursprünglich eher als Heilmittel und weniger als Genussmittel eingesetzt. Ich persönlich verwende ihn deshalb auch bestenfalls in homöopathischen Dosen. In der Küche wird nur sehr wenig mit Schnaps gearbeitet, am ehesten in der Patisserie.
Ein guter Treber oder Obstbrand ist aber sicherlich ein feiner Digestif, um ein gutes Mahl abzuschließen und, wie auch der Wein, haben auch Südtirols Schnäpse in den letzten Jahren stark an Qualität aufgeholt."

[„Speck...

... ist ein Südtiroler Grundnahrungsmittel, das inzwischen fast zu Weltruhm gelangt ist, weil jeder Südtiroler Bergsteiger, sobald er auf einem Gipfel angekommen ist, seinen Speck und sein Schüttelbrot auspackt.
Törggelen mit Wein und Speck ist das, was den meisten Gästen spontan als Erstes zu Südtirol einfällt. In der Küche ist der Speck relativ schwer einsetzbar, weil er roh ganz einfach am besten schmeckt. Durch das Erhitzen würde er an Geschmack verlieren.

]

[„Südtiroler Wein…

… hat nach meiner Meinung durch seinen Qualitätssprung die Initialzündung zur Verbesserung der Gastronomie in Südtirol ausgelöst. Seit Südtirols Winzer und Kellereigenossenschaften internationale Topweine produzieren, haben auch die meisten Restaurants nachgezogen und von Masse auf Klasse umgestellt. Ein gutes Essen ohne guten Wein ist undenkbar, ebenso braucht ein hervorragender Wein aber auch einen bestimmten Rahmen, um richtig zur Geltung zu kommen. Die perfekte Ergänzung und - wenn alles stimmt - auch die perfekte Harmonie.“

Kartoffelcarpaccio mit rosa gebratenem Hirschrücken und Steinpilzen

Hirschrücken
400 g zugeputzter Hirschrücken
Salz und Pfeffer
1 TL Wildgewürz

Kartoffelcarpaccio
8 große, speckige Kartoffeln
30 g zerlassene Butter
Salz und Pfeffer

Außerdem
2 schöne Steinpilze
1 Schüssel Blattsalate
Kräuter zum Garnieren
Olivenöl und Essig zum Marinieren

.1]

Den Hirschrücken würzen, von allen Seiten heiß anbraten und im Ofen 10 Minuten (Kerntemperatur zirka 44 Grad) fertig garen. Aus dem Ofen nehmen und 10 Minuten ruhen lassen.

.2]

Für das Kartoffelcarpaccio die Kartoffeln schälen, auf der Aufschnittmaschine in feine Scheiben schneiden, dann auf einem gebutterten Backpapier kreisförmig anrichten und mit Salz und Pfeffer würzen. Mit der flüssigen Butter bepinseln und im Salamander goldgelb und knusprig backen.

.3]

Die Steinpilze in Scheiben schneiden, würzen und grillen.

.4]

Blattsalate, Hirschrücken und die Steinpilze auf dem Kartoffelcarpaccio anrichten.

Kalbskopf in Vollkornbrot gebraten auf Bohnensalat mit French-Dressing

Kalbskopf
(dieses Rezept ist für 10 Personen, kleinere Mengen lassen sich nur schwer zubereiten. Man kann aber auch beim Metzger küchenfertigen Kalbskopf portionsweise kaufen.)
2,5 kg Kalbskopf
10 l Bouillon
1 l Rotweinessig
800 ml Sojasauce
20 g Pökelsalz
700 g Karotten
400 g Lauch
1 kg grobes Salz
5 Tomaten
1 Bund Petersilienstängel
300 g Stangensellerie
6 gebräunte, halbierte Zwiebeln
1 Sellerieknolle
6 Lorbeerblätter
1 EL schwarze Pfefferkörner
1 EL Wacholderbeeren

Zum Fertigstellen der Terrine
1 Eiweiß
Dijonsenf
Meerrettich
Salz und Pfeffer
Champagneressig
gehackter Knoblauch
gehackter Majoran
gehackte Petersilie

Außerdem
4 Scheiben Vollkornbrot
150 g gekochte Keniabohnen
1 gekochte rote Beete
1 kleine Schüssel Blattsalate

French-Dressing
2 Eigelb
1 TL Zucker
1 TL mittelscharfer Senf
2 EL Weißwein
3 EL Champagneressig
2 EL Wasser
1 fein geschnittene Schalotte
8 EL Maiskeimöl
Salz und Pfeffer aus der Mühle

.1]

Für den Kalbskopf die Bouillon mit den ganzen Zutaten aufkochen lassen. Der Kalbskopf ist gekocht, wenn er sich vom Knochen schön löst. (Der Kalbskopf muss beschwert werden, damit er im Sud bleibt.) Wenn der Kalbskopf weich gekocht ist, abtropfen lassen, auslösen, sauber parieren und in Stücke schneiden. In eine Schüssel geben und mit den Zutaten zur Fertigstellung der Terrine pikant abschmecken. In eine Terrinenform geben, gut beschweren und über Nacht auskühlen lassen. Terrine stürzen, in acht Millimeter dicke Scheiben schneiden und in die Brotscheiben einschlagen. In einer Pfanne mit etwas Samenöl knusprig backen.

.2]

Für das French-Dressing alle Zutaten in einen Becher geben und mixen.

.3]

Keniabohnen mit dem French-Dressing marinieren und darauf den gebackenen Kalbskopf anrichten. Zum Ausgarnieren die Rote-Beete-Würfel ebenfalls mit Essig, Öl, Salz und Pfeffer würzen und darüber streuen.

.4]

Mit Blattsalaten anrichten.

Kalbskopf

Regenbogenforelle auf Terlaner Spargel und Schaum von Bozner Sauce

.1]

Die Spargelspitzen schälen und in Wasser, Salz, Zucker, Zitronensaft und wenig Butter für ca.10–12 Minuten köcheln lassen.

.2]

Für die Spargelmarinade das Kochwasser, das Olivenöl, das Traubenkernöl und den Champagneressig zu einer Marinade vermengen, mit Salz und Pfeffer abschmecken und den Spargel damit nappieren. Die Forellenfilets im Fischfond bei 75 Grad zirka 6–7 Minuten pochieren.

600 g Filets von Regenbogenforellen
1 l Fischfond

Spargel
1 l Wasser
12 schöne, weiße Terlaner Spargelspitzen
2 EL Zucker
1 Zitrone
30 g Butter

Marinade des Spargels
100 ml Kochwasser vom Spargel
30 ml Olivenöl
30 ml Traubenkernöl
1 EL Champagneressig
Salz und Pfeffer aus der Mühle
3 Erbsenschoten, in Würfel geschnitten
1 Ofentomate, in Würfel geschnitten
1 hartgekochtes, gehacktes Ei

Schaum von Bozner Sauce
(Rezept für ca. 10 Personen)
2 EL Olivenöl
50 g fein geschnittene Schalotten
100 ml trockener Weißwein
15 schwarze Pfefferkörner
Cayennepfeffer und Zucker
5 Eigelb
2 Eier
500 g geklärte Butter
Saft von zwei Zitronen
Zeste von einer Zitrone

.3]

Für den Schaum von der Bozner Sauce die fein geschnittenen Schalotten in Olivenöl anschwitzen und mit Weißwein löschen. Die Gewürze dazugeben und bei schwacher Hitze langsam einreduzieren. Den Gewürzfond durch ein feines Sieb passieren und mit Eigelb sowie Ei in einer Metallschüssel mit einem Schneebesen über dem Wasserbad bei 70 Grad aufschlagen. Es sollte die doppelte Menge entstehen. Dann die flüssige, noch warme Butter zuerst tropfenweise, dann nach und nach den Rest unterrühren. Es muss eine Emulsion aus Eigelb und Butter entstehen. Mit Salz, Zucker, weißem Pfeffer, Zitronensaft und Zeste abschmecken. Die Creme dann in einen Ein-Liter-ISI-Siphon füllen und zwei Gaskapseln aufschrauben. Zirka vier Stunden ruhen lassen.

.4]

Spargel mit hart gekochtem Ei, den Tomatenwürfeln und den gewürfelten Erbsenschoten vermengen und die Forellenfilets darauf anrichten. Mit dem Schaum von der Bozner Sauce ausgarnieren.

[*Tipp*

Außer zum Spargel empfiehlt sich die Sauce auch zu anderen Gemüsen sowie zu Krustentieren und Fisch.

Waller
800 g küchenfertiger Waller
Salz und weißer Pfeffer aus der Mühle
Knoblauch
20 ml Olivenöl

Außerdem
4 La-Rate-Kartoffeln
16 Scheiben Patanegra-Schinken
120 g grüne Bohnen
8 Scheiben geräucherter Bauchspeck
8 Blatt Wan-Tan-Teig (Fertigprodukt)
2 im ganzen gekochte Rote Beete

Kürbisnocken
500 g gegarter und gut ausgedrückter Kürbis
100 g Mehl Typ 00
100 g Parmesan
3 Eidotter
Salz und Pfeffer
ein paar Tropfen Kürbiskernöl

Fenchelsauce
0,5 l klarer Fischfond
120 g Fenchel
50 g rohe, geriebene Kartoffeln
100 ml kalt gepresstes ligurisches Olivenöl
Salz und Pfeffer

Geräucherter Waller mit Kürbisnocken auf grünen Bohnen

.1]

Die La-Rate-Kartoffeln in dünne Scheiben schneiden und einige Stunden unter fließendem Wasser gut wässern, damit sie die Stärke verlieren. Anschließend gut trocknen und in der Fritteuse bei 145 Grad frittieren.

.2]

Die Scheiben vom Patanegra-Schinken auf ein Pergamentpapier legen und für sechs Stunden bei 45 Grad im Ofen trocknen lassen.

.3]

Den Waller würzen und mit dem Knoblauch kurz in Olivenöl auf allen Seiten anbraten. Im Räucherofen bei 220 Grad für zirka fünf Minuten räuchern. Mit den Kartoffelchips, sowie den Patanegra-Schinken-Chips schuppenartig den Waller belegen.

.4]

Die im Salzwasser bissfest gegarten grünen Bohnen mit dem Bauchspeck zu einem Bündel binden und in Wan-Tan-Teig einrollen. In der Fritteuse bei 175 Grad backen.

.5]

Alle Zutaten für die Kürbisnocken zusammen glatt rühren. Halbmonde ausstechen, formen und im Salzwasser sieden. In wenig geklärter Butter durchschwenken bzw. abglänzen.

.6]

Für die Fenchelsauce den Fischfond erhitzen, die geriebenen Kartoffeln sowie den fein geschnittenen Fenchel dazugeben und langsam weich kochen. Mit dem Olivenöl alles aufmixen und eventuell etwas einreduzieren lassen. Man kann die Sauce noch mit etwas fein gehacktem Fenchelgrün verfeinern.

.7]

Den Waller zum Abschluss mit den Bohnen, den Nocken und der halbierten und in Scheiben geschnittenen Roten Beete garnieren. Mit Fenchelsauce fertig stellen.

[*Tipp*

Wan-Tan-Teig kauft man am besten im Asia-Laden.

Geröstel von Zanderwangen mit Pfifferlingen und Saubohnen

Geröstel
50 g Saubohnen
2 kleine Steckrüben
3 La-Rate-Kartoffeln
1 zerdrückte Knoblauchzehe in der Schale
Zitronenthymian und etwas Rosmarin
150 g küchenfertige Pfifferlinge
Salz und weißer Pfeffer aus der Mühle
30 ml Olivenöl

Außerdem
16 Zanderwangen
200 ml Weißweinschaum

Weißweinschaum
2 TL kalt gepresstes Olivenöl
60 g Schalotten, in Ringe geschnitten
60 ml Noilly-Prat
100 ml trockener Weißwein
300 ml klarer Fischfond, auf 100 ml reduziert
10 zerdrückte weiße Pfefferkörner
5 zerdrückte rosa Pfefferkörner
100 ml flüssige Sahne
80 g kalte Butter, in kleine Würfel geschnitten

.1]

Für das Geröstel die Steckrüben und Saubohnen waschen, putzen und in Salzwasser getrennt bissfest garen. Die La-Rate-Kartoffeln unter fließendem Wasser gut waschen, im rohen Zustand dünne Scheiben schneiden und dann in einer beschichteten Pfanne bei mäßiger Hitze knusprig braten. Um einen würzigen Geschmack zu erlangen, eine zerdrückte Knoblauchzehe, etwas Rosmarin und Zitronenthymian zu den Kartoffeln geben.

.2]

Die Pfifferlinge vierteln, würzen und bei starker Hitze in wenig Maisöl sautieren.

.3]

Die Zanderwangen mit Salz und Pfeffer würzen, in Olivenöl auf der Hautseite kurz anbraten und bei schwacher Hitze fertig garen.

.4]

Die bissfest gegarten Gemüse in Olivenölfond erhitzen und mit Kartoffeln und Zanderwangen turmförmig anrichten.

.5]

Für den Weißweinschaum das Olivenöl in einem kleinen Topf erhitzen, die geschnittenen Schalotten dazugeben und leicht anziehen lassen. Mit Weißwein und Noilly-Prat löschen und fast ganz einreduzieren lassen. Pfefferkörner in ein Gewürzsäckchen einpacken und zu dem mit dem Fischsud und der Sahne aufgefüllten Fond dazugeben. 10 bis 15 Minuten köcheln lassen, Gewürzsäckchen herausnehmen, den Fond mit der kalten Butter aufmixen. Passieren und würzen, dann etwas Weißweinschaum mit dem Geröstel anrichten.

Zander

Saiblinge
800 g geputzte Saiblingsfilets
20 ml leichtes Olivenöl
Salz und Pfeffer aus der Mühle

Balsamico-Linsen
200 g Castelluccio Linsen
30 ml Olivenöl
20 g Schalottenwürfel
100 ml trockener Weißwein
6 EL alter Balsamessig
Salz und Pfeffer
Cayennepfeffer
0,5 l Geflügelfond
1 TL Pommerysenf
1 Kräuterstrauß bestehend aus Thymian, Rosmarin und Petersilienstängel
20 g Karottenwürfel
20 g Zucchiniwürfel
10 g Würfel von Stangensellerie

Meerrettichkruste
60 g Butter
1 cl Zitronensaft
Salz und etwas Cayennepfeffer
1 EL frisch geriebener Meerrettich
1 EL Meerrettich aus dem Glas
100 g entrindetes, getrocknetes und fein geriebenes Toastbrot

Saibling mit Meerrettichkruste auf Balsamico-Linsen

.1]

Die Saiblingsfilets portionieren, würzen und mit dem Olivenöl beträufeln. Im Ofen bei 90 Grad zugedeckt (mit Klarsichtfolie) für zirka 10–12 Minuten garen. Anschließend die Haut herunterziehen und auf dem Grill knusprig braten.

.2]

Für die Balsamico-Linsen die Linsen zwölf Stunden einweichen. Dann Linsen und Schalotten in Olivenöl anschwitzen, mit Weißwein und Balsamessig löschen, mit dem Geflügelfond aufgießen, leicht würzen und das Kräutersträußchen dazugeben. Die Linsen bis zur gewünschten Bissfestigkeit kochen, eventuell nachwürzen und mit wenig Kartoffelstärke binden. Die Gemüsewürfel beimengen und drei bis vier Minuten ziehen lassen.

.3]

Für die Meerrettichkruste die Butter schaumig rühren, restliche Zutaten beimengen und zu einer Rolle formen. Mit Klarsichtfolie einschlagen und kalt stellen. Aus dem Kühlschrank nehmen, in Scheiben schneiden und diese auf dem Saibling dünn verteilen, für einige Minuten im Salamander oder im Ofen bei starker Oberhitze gratinieren lassen.

Bouillon mit Freilandhuhn und hausgemachten Cappelletti

.1]

Für die Bouillon das halbe Freilandhuhn in zwei Liter kaltes Wasser geben, die gebräunte Zwiebel und die Gewürze beifügen und zirka 1,5 Stunden langsam köcheln lassen. Das restliche, in Würfel geschnittene Gemüse beifügen und nochmals zirka 20 Minuten ziehen lassen. Fein passieren.

.2]

Für die Cappelletti die fein geschnittene Schalotte in Butter anschwitzen, die Morcheln dazugeben, mit dem Portwein ablöschen und ungefähr auf die Hälfte reduzieren lassen. Für die Geflügelfarce 30 g faschiertes, rohes Geflügelfleisch und 10 g flüssige Sahne in der Moulinette mixen und mit Salz und Pfeffer abschmecken. Reduktion erkalten lassen und mit der Geflügelfarce mischen. Cappelletti formen und in der Hühnerbouillon kochen lassen und mit dem ebenfalls in der Bouillon gekochten Gemüse servieren.

Bouillon
1/2 Freilandhuhn
2 l Wasser
1 Karotte
1 Sellerie
1 Zwiebel, halbiert und auf der Schnittfläche gebräunt
10 Pfefferkörner
2 Lorbeerblätter
1 vollreife Tomate
Salz

Cappelletti
Teig für die Cappeletti wie bei Tagliolini
(s. Tagliolini mit Kohlrabi und Trüffel, Seite 150-151)
20 g Butter
1/2 fein geschnittene Schalotte
100 g Morcheln
30 ml roter Portwein
40 g Geflügelfarce

Außerdem
Erbsenschoten
Saubohnen
Kichererbsen
Babykarotten
Radieschen
Spargelspitzen
Kerbel

50 g Butter
80 g fein geschnittene Schalotten
250 g geschälte Kastanien
125 ml Weißwein
500 ml Geflügelfond
250 ml Sahne
Salz, Pfeffer und Cayennepfeffer
20 g weißer Trüffel aus Alba

Kastaniensuppe mit weißem Alba-Trüffel

.1]

Die Schalotten leicht anschwitzen, Kastanien dazugeben, mit dem Weißwein ablöschen und den Geflügelfond aufgießen. Die Kastanien weich kochen. Sahne beifügen und aufmixen. Passieren und vor dem Servieren mit etwas Butter aufmixen.

.2]

Einige Scheiben weißen Trüffel darüber hobeln.

[*Tipp*

Weißen Trüffel sollte man immer vor dem Gast auf das Gericht hobeln, damit der volle Geschmack zur Geltung kommt.

suppe

Brennsuppe mit geräucherter Taubenbrust und pochiertem Wachtelei

Brennsuppe
150 g Weizenmehl Typ 00
1 l Rinderbrühe
TL 1 Kümmelsamen
1 rohe Kartoffel
Salz und Pfeffer aus der Mühle

Pochierte Wachteleier
8 Wachteleier
0,5 l Wasser
3 EL Essig

Geräucherte Taubenbrüstchen
4 Taubenbrüstchen
Salz
Pfeffer
2 EL Olivenöl
40 ml Cognac

Außerdem
50 g Butter

.1]

Für die Brennsuppe das Mehl in einem schmalen, hohen Topf leicht braun rösten. Mit der Rinderbrühe auffüllen, die Kümmelsamen dazugeben und bei mäßiger Hitze zirka 40 Minuten köcheln lassen. Nach ungefähr 30 Minuten der Garzeit die roh geschnittenen Kartoffelwürfel dazugeben. Mit Salz und Pfeffer würzen.

.2]

Zum Pochieren der Wachteleier einen halben Liter Wasser mit drei Esslöffeln Essig zum Kochen bringen. Die Eier vorsichtig aus der Schale nehmen und darin pochieren.

.3]

Die Taubenbrüste würzen und in Olivenöl anbraten, mit dem Cognac löschen und im Räucherofen zirka vier Minuten bei 220 Grad räuchern. Nach dem Räuchern die Taubenbrust in Aluminiumfolie einschlagen und fünf Minuten ruhen lassen. Anschließend dünne Scheiben schneiden und auf der Suppe anrichten.

.4]

Die Butter in eine kleine Pfanne geben und erhitzen, bis sie einen leichten Nussgeschmack hat. Dann auf der Brennsuppe einige Tropfen anrichten.

[*Tipp 1*

Beim Rösten vom Mehl entsteht eine ziemlich hohe Temperatur, deswegen empfehle ich, den Topf vor dem Auffüllen mit der Bouillon gut abzukühlen, sonst verbringt man den Rest des Tages in der Küche beim Saubermachen.

[*Tipp 2*

Es gibt beim Pochieren der Wachteleier einen Trick: Die Wachteleier in Essig einlegen, Siedewasser zum Kochen bringen. Mit einem Schneebesen gut umrühren, bis ein Strudel entsteht. Jetzt die Wachteleier samt dem Essig in das Wasser gleiten lassen, vom Herd nehmen und nach zirka einer Minute herausnehmen.

Brennsuppe

Kartoffelmaultaschen mit Karotten-Kürbis-Sauce

.1]

Den Ochsenschwanz (nur das geschmorte Fleisch) fein hacken, mit der Rotweinsauce vermischen, erwärmen und gut abschmecken.

maultaschen

.2]

Für die Kartoffelmaultaschen aus den ausgedämpften Kartoffeln und den restlichen Zutaten einen glatten Teig kneten. Dünn ausrollen und mit dem Ochsenschwanz füllen. Maultaschen formen und in leicht gesalzenem Wasser kochen. Herausnehmen und in Butter kurz nachbraten.

.3]

Für die Kürbis-Karotten-Sauce die Karotten, den Kürbis und die Schalotten in Würfel schneiden. In Olivenöl anschwitzen, dann mit Weißwein ablöschen, mit dem Geflügelfond aufgießen, den Ingwer beimengen und zirka eine Stunde weich dünsten. Passieren und den Fond aufbewahren. Den Kürbis mit den Karotten und den Schalotten durch ein Sieb streichen. Mit Salz und Pfeffer abschmecken, den Fond mit dem Püree mischen und auf die gewünschte Konsistenz eindicken.

.4]

Als Garnitur werden geröstete Kürbiskerne darüber gegeben und eventuell auch einige Tropfen gutes kalt gepresstes Olivenöl und Kürbiskernöl.

Kartoffelmaultaschen
600 g Kartoffeln
150 g Mehl
2 Eigelb
1 EL kalt gepresstes Olivenöl
20 g Kartoffelstärke
50 g Butter
Salz nach Geschmack

Füllung
200 g geschmorter Ochsenschwanz, grob gehackt
20 ml Rotweinsauce

Karotten-Kürbis-Sauce
20 ml Olivenöl
50 g geschälte Schalotten
50 g geschälter Kürbis
50 g geschälte Karotten
100 ml Weißwein
2 l Geflügelfond
20 g Ingwerwurzeln
20 g Butter
Salz und Pfeffer

Außerdem
80 g geröstete Kürbiskerne
Kürbiskernöl

Ziegenfrischkäse-Tortelli mit Estragonfond und Lauchstroh

.1]

Für den Teig das Mehl in eine Schüssel sieben, den Grieß und das Salz untermischen und mit den Dottern und dem Olivenöl zu einem glatten Teig verkneten. Ungefähr ein bis zwei Stunden ruhen lassen.

.2]

Für die Füllung Ricotta passieren und mit dem passierten Ziegenfrischkäse, dem geriebenen Hartkäse und dem Mascarpone gut vermischen. Mit Salz und Pfeffer würzen und zirka eine Stunde ruhen lassen.

Nudelteig
200 g Mehl
50 g Hartweizengrieß
9 Eidotter
1 TL Olivenöl
Salz

Füllung
100 g Ricotta, fein passiert
50 g weicher Ziegenfrischkäse, fein passiert
20 g geriebener Ziegenkäse (Hartkäse)
20 g Mascarpone
Salz und Pfeffer aus der Mühle

Estragonfond
200 ml Geflügelfond
50 g Kartoffelpüree
frisch gehackter Estragon

Lauchstroh
150 g Lauch
Öl zum Frittieren

.3]

Für die Tortelli den Teig dünn ausrollen, die Füllung darauf geben und zu Tortelli formen. In leicht gesalzenem Wasser vorsichtig kochen.

.4]

Für den Estragonfond den Geflügelfond mit dem Kartoffelpüree mischen. Den frisch gehackten Estragon dazugeben und einige Minuten ziehen lassen (nicht kochen). Eventuell kann man den Estragonfond mit grüner Farbe (Spinatchlorophyll) einfärben.

.5]

Für das Lauchstroh schneidet man den Lauch in hauchdünne Streifen. In leicht gesalzenem Wasser blanchieren und im Eiswasser schocken lassen. Gut ausdrücken, in der Fritteuse bei 140 Grad frittieren und sofort auf einem Küchenpapier abtropfen.

Schlutzkrapfen
mit Bockshörndlmehl und Mohn

Teig
100 g Weizenmehl
150 g Roggenmehl
1 Ei
70 ml Milch
1–2 EL Öl
Salz nach Geschmack

Fülle
30 g Butter
160 g Steckrüben
1 Schalotte, in feine Würfel geschnitten
200 ml Geflügelfond
70 g Topfen
Salz, Pfeffer
Muskatnuss

Zur Fertigstellung
100 g zerlassene Butter
20 g Boxhornmehl
20 g gerösteter Mohn
Schnittlauch zum Garnieren

Schlutzkrapfen

.1]

Für den Teig alle Zutaten verkneten und zwei Stunden ruhen lassen.

.2]

Für die Fülle die Steckrüben mit den Schalotten anschwitzen, mit dem Geflügelfond aufgießen, weich dünsten. Die weich gedünsteten Steckrüben passieren, den Topfen darunter mischen und würzen.

.3]

Teig dünn ausrollen. Runde Teigplätzchen ausstechen und die Füllung darauf verteilen. Schlutzkrapfen formen und in gesalzenem Wasser kochen. In der zerlassenen Butter mit dem Boxhornmehl und dem gerösteten Mohn schwenken und mit dem Schnittlauch garnieren.

Latschenrisotto mit geräucherter Perlhuhnbrust

.1]

Die Perlhuhnbrust würzen und von allen Seiten leicht anbraten. Dann für zirka sechs Minuten räuchern und im Ofen bei 70 Grad warm stellen.

Risotto
2 EL Olivenöl
3 Schalotten
300 g Carnaroli Reis
100 ml Weißwein
1,2 l Geflügelfond
30 g Parmesan
40 g Latschenbutter

Latschenbutter
100 g Butter
50 g Latschennadeln

Perlhuhnbrust
eine Perlhuhnbrust
Salz und Pfeffer
Räuchermehl
zum Räuchern

.2]

Die Latschennadeln fein hacken, mit der zimmerwarmen Butter vermischen und dann kalt stellen.

.3]

Die Schalotten fein schneiden. Olivenöl erhitzen und die Schalotten anschwitzen. Reis dazugeben und mit Weißwein ablöschen, nach und nach mit der Geflügelbrühe aufgießen, unter ständigem Rühren fertig kochen. Den Risotto mit der Latschenbutter verfeinern und mit dem Parmesan abschmecken.

.4]

Risotto auf die vorgewärmten Teller verteilen, die Perlhuhnbrust in dünne Scheiben schneiden und auf dem Risotto anrichten.

Tipp

Von der Latschenbutter kann und sollte man eine etwas größere Menge machen. Der Geschmack wird dadurch besser und man kann sie sehr gut im Kühlschrank oder im Tiefkühler aufbewahren.

Milchreis
500 ml Sahne
200 ml Milch
120 g Reis
20 g Zucker
Prise Salz
1/2 Sternanis
Sechuanpfeffer
Kardamom
aus der Mühle

Zitrusfrüchte
150 g rote Zwiebeln
50 g Zucker
Filets von 1 Limette
Filets von 2 Zitronen
Filets
von 2 Mandarinen
50 ml Orangensaft

Gänseleber
240 g frische
Gänseleber
Salz und Pfeffer
Mehl zum Bestäuben
Lavendel
zum Garnieren

Milchreisschaum mit Kardamom, Zitrusfrüchten und gebratener Gänseleber

.1]

Für den Milchreis die Sahne und die Milch mit dem Salz und den Gewürzen aufkochen. Den Reis dazugeben und zirka drei Minuten leicht köcheln lassen. Mixen, grob passieren und in einen Siphon füllen. Mit zwei Kapseln Gas füllen und für mindestens vier Stunden ruhen lassen.

.2]

Die Zitrusfrüchte filettieren, das Kerngehäuse entsaften und den Fond aufbewaren. Die Zwiebel schälen und in Spalten schneiden. Den Zucker karamellisieren und die Zwiebel dazugeben, dann mit dem Saft der Zitrusfrüchte ablöschen. Aufkochen und eventuell mit etwas Mondamin binden. Etwas auskühlen lassen und dann die Filets der Zitrusfrüchte beimengen.

.3]

Die Gänseleber in Scheiben schneiden, salzen, pfeffern und leicht mit Mehl bestäuben. In einer heißen Pfanne von beiden Seiten scharf anbraten. Auf ein Küchenpapier setzen und im Ofen bei zirka 140 Grad drei bis vier Minuten fertig garen.

Wiener Schnitzel vom Kalbsbries mit weißem Sellerie und Morcheln

.1]

Das Kalbsbries gut wässern und dann von der feinen Haut befreien. Anschließend in 30–40 g schwere Röschen zupfen. Mit Salz und Pfeffer würzen und ganz locker in Mehl, Eiern und Mie de pain panieren (nicht andrücken). In Butterschmalz bei zirka 160 Grad goldgelb backen und eventuell noch einige Minuten unter dem Salamander nachziehen lassen.

.2]

Den weißen Sellerie schälen, die Fäden mit einem dünnen Küchenmesser ziehen und dann in Rauten schneiden. In einer Sauteuse die Butter zerlaufen lassen, den Sellerie darin anschwitzen, mit dem Weißwein und dem Geflügelfond ablöschen, weich dünsten.

Kalbsbries
600 g Kalbsbries, sauber geputzt und in Röschen gezupft
Salz und weißer Pfeffer aus der Mühle
400 g Mie de pain
2 Eier
100 g Mehl
500 g Butterschmalz

Sellerie
20 g Butter
400 g weißer Stangensellerie
70 ml Weißwein
100 ml Geflügelfond

Außerdem
80 g Morcheln
2 EL geklärte Butter
2 Schalotten
100 ml Kalbsfond
Kerbel

.3]

Die Morcheln gut reinigen. Die fein geschnittenen Schalotten in der geklärten Butter glasig anziehen, die Morcheln dazugeben, mit Salz und Pfeffer würzen und gut durchschwenken. Mit dem Kalbsfond leicht glacieren und mit etwas fein geschnittenem Kerbel verfeinern.

.4]

Als Garnitur eignen sich Kerbelblätter.

Weinbergschnecken in Tempura frittiert mit Walnuss-Couscous

Schnecken
24 Weinbergschnecken
1,5 l Wasser
100 g Lauch
2 Schalotten
1 Knoblauchzehe
1 Thymianzweig
Bohnenkraut
Salz und Pfeffer aus der Mühle

Tempura
100 g Tempuramehl
150 ml Bier
Salz

Couscous
160 ml Geflügelfond
100 g Couscous
20 g Haselnüsse
20 g Pinoli
20 g Walnüsse

Nuss-Emulsion
1 Ei
30 ml Sahne
20 ml Geflügelbrühe
40 ml Nussöl

.1]

Für die Weinbergschnecken einen Fond mit klein geschnittenen Schalotten, Lauch, Thymian, Bohnenkraut, Knoblauch, Salz und Pfeffer kochen. Darin die Schnecken einlegen und 15 bis 20 Minuten ziehen lassen.

.2]

Für die Tempura das Mehl mit dem Bier verrühren, salzen und sofort auf Eis stellen.

.3]

Die Weinbergschnecken aus der Marinade nehmen, auf einem Küchenpapier trocken tupfen, durch den Tempurateig ziehen und in Öl bei 160 Grad knusprig frittieren.

.4]

Für das Couscous die Geflügelbrühe aufkochen und darüber gießen. Einige Minuten quellen lassen und die fein gehackten Nüsse unterheben.

.5]

Für die Nuss-Emulsion das Ei fünf Minuten kochen. Schälen und mit den restlichen Zutaten mixen.

.6]

Als Garnitur kann man einige Tropfen Rotweinsauce dazugeben.

Geschmorte Kalbswangen auf Schmortomaten und gebratener Kartoffelterrine

Kalbswangen
1 kg Kalbswangen
Salz und Pfeffer aus der Mühle
Olivenöl
100 g Mehl Typ 00
250 g rote Zwiebel
300 g Karotten
150 g Sellerieknolle
100 g Stangensellerie
3 Knoblauchzehen
3 sardische Tomaten
1 Zweig Rosmarin
2 Lorbeerblätter
2 l Rotwein
500 g Tomaten (Pelati) aus der Dose
2 l Kalbsjus
1 Kartoffel

Schmortomaten
2 vollreife Tomaten
Salz und Pfeffer
Olivenöl
Basilikum
Rosmarin
Knoblauch

Kartoffelterrine
4 große Kartoffeln
Salz, Pfeffer und Muskatnuss

.1]

Die Kalbswangen sauber zuparieren, würzen und mit dem Weizenmehl bestäuben. Dann in heißem Öl von allen Seiten scharf anbraten. Das Wurzelgemüse und die Gewürze beifügen und langsam rösten. Mit dem Rotwein ablöschen und zur Hälfte einreduzieren. Die Tomaten aus der Dose beifügen und mit dem Kalbsjus aufgießen. Die Kalbswangen dann in dem Fond bei schwacher Hitze zirka zwei Stunden weich dünsten. Die rohe Kartoffel in die Sauce reiben, das ergibt eine natürliche Bindung. Wenn die Kalbswangen weich sind, herausnehmen und die Sauce passieren, anschließend reduzieren, abschmecken, die Kalbswangen wieder darin warm stellen.

.2]

Für die Schmortomaten werden die Tomaten gut gewaschen, vom Strunk befreit und eingeritzt. In siedendem Wasser kurz blanchieren und im Eiswasser erkalten lassen. Die Haut abziehen, in Scheiben schneiden und auf ein Backblech legen. Mit den Kräutern bei kleiner Hitze fünf Minuten in den auf 140 Grad vorgeheizten Ofen schieben.

.3]

Für die Kartoffelterrine die Kartoffeln schälen, auf der Mandoline dünn aufschneiden und mit Salz, Pfeffer und Muskat würzen. Gut durchkneten und von dem austretenden Saft einen Teil aufbewahren. Eine Terrineform mit Backpapier auslegen, die Kartoffelscheiben schichtweise dicht übereinanderschichten und mit dem Kartoffelsaft beträufeln. Im Ofen bei 180 Grad zirka eine Stunde backen, erkalten lassen, dann stürzen und in Scheiben schneiden und in einer beschichteten Pfanne goldbraun braten.

[*Tipp*
Etwas Thymianöl immer wieder beim Einschichten darüber treufeln.

Geschmorter Ochsenschwanz auf Kartoffelpüree mit schwarzem Trüffel

.1]

Den Ochsenschwanz zwischen den Knorpeln mit einem scharfen, dünnen Messer in Stücke schneiden. Mit Salz und Pfeffer würzen, leicht mit Mehl bestäuben und im Olivenöl scharf anbraten. Das in Würfel geschnittene Gemüse und die Knoblauchzehen beifügen und mitrösten. Das beim Rösten austretende Fett abschöpfen. Tomatenmark beimengen und einige Minuten weiterrösten. Mit einem Teil vom Rotwein ablöschen, einreduzieren lassen und diesen Vorgang einige Male wiederholen. Die reifen Tomaten dazu geben und mit dem Kalbsfond auffüllen. Den Ochsenschwanz ungefähr drei bis vier Stunden schmoren, bis sich das Fleisch vom Knochen löst. Fleisch aus dem Fond nehmen, etwas auskühlen lassen, das Fleisch vom Knochen lösen und das Fett entfernen. Inzwischen die Sauce passieren und auf die gewünschte Konsistenz einkochen lassen.

Ochsenschwanz
2 kg Ochsenschwanz, in Stücke geschnitten
Salz und Pfeffer
Olivenöl
100 g Mehl Typ 00
250 g weiße und rote Zwiebel
200 g Karotten
200 g Sellerieknolle
100 g Stangensellerie
3 Knoblauchzehen
60 g Tomatenmark
Rosmarin, Thymian und Lorbeerblätter
2 l kräftigen Rotwein
10 vollreife sardische Tomaten
3 l Kalbsfond

Püree
800 g rohe Kartoffeln
150 g Milch
150 g Sahne
100 g Butter
Salz und Muskat

Außerdem
40 g schwarzer Trüffel

.2]

Für das Püree die Kartoffeln schälen, in gesalzenem Wasser kochen und passieren. Die Milch mit der Sahne erwärmen und unter die passierten Kartoffel rühren. Dann die Butter unterarbeiten und mit Salz und Muskat würzen.

.3]

Das Püree in einem Ring auf dem Teller anrichten, den Ochsenschwanz hineingeben und mit der Sauce und dem schwarzen Trüffel fertigstellen.

Jungschwein kross gebraten mit Speckwirsing und Semmelknödel

.1]

Den Jungschweinerücken auslösen und mit der Hautseite in siedendem, gesalzenem Wasser kurz aufkochen. Dann mit einem scharfen Messer die Schwarte einschneiden. Fleisch trocken tupfen, mit Salz und Pfeffer würzen und auf der Fleischseite anbraten. (Nicht auf der Hautseite, denn sonst wird die Schwarte nicht kross.) Für zirka 35 Minuten in den auf 160 Grad vorgeheizten Ofen schieben. Herausnehmen und 10 Minuten rasten lassen, anschließend unter den Salamander geben, bis die Schwarte goldbraun und kross ist.

.2]

Für die Semmelknödel das Weißbrot kleinwürfelig schneiden und in einer Pfanne mit wenig Butter leicht anrösten. Die fein geschnittene Zwiebel und die Frühlingszwiebeln in Butter anschwitzen und über das Brot geben. Eier, Milch und die Petersilie unterheben, würzen und alles gut durchkneten. Die Masse zirka 15 Minuten ruhen lassen, kleine Knödel formen, dann in gesalzenem Wasser 10 Minuten köcheln lassen.

.3]

Den in Rechtecke geschnittenen Wirsing in gesalzenem Wasser blanchieren, dann in Eiswasser schocken, damit die Farbe erhalten bleibt. Den fein geschnittenen Speck in einer Pfanne ohne Fett knusprig braten. Die Schalotten in feine Würfel schneiden und in Butter anschwitzen. Den Wirsing dazugeben und zum Schluss den kross gebratenen Speck.

Jungschwein
Jungschweinerücken, zirka 1 kg, mit Bauchlappen
1 l Wasser
Salz
Knoblauch
Olivenöl

Semmelknödel
150 g schnittfestes Weißbrot
25 g Butter
50 g Zwiebel
2 Frühlingszwiebeln
2 Eier
150 ml Milch
Petersilie
Salz und Pfeffer
Muskatnuss

Speckwirsing
200 g Wirsing, in kleine Rechtecke geschnitten
1 Schalotte
3 Scheiben fein geschnittener Speck
Salz und Pfeffer
30 g Butter

Filet
800 g Rinderfilet, sauber zugeputzt
20 g Dijonsenf
Salz und schwarzer Pfeffer aus der Mühle

Salzkruste
2 kg grobes Meersalz
60 g Mehl
400 g Eiweiß

Außerdem
200 g Bergheu
Rosmarin und Thymian
200 ml kräftige Rotweinsauce

Schmorgemüse
Olivenöl
200 g Karotten
200 g Kohlrabi
200 g Zucchini
Salz und Pfeffer aus der Mühle
frische Kräuter
120 g Fenchel
4 Kirschtomaten

Rinderfilet in der Salzkruste im Bergheu gegart mit Schmorgemüse

.1]

Für die Salzkruste das Mehl und das grobe Salz in eine Schüssel geben und gut vermischen. Das Eiweiß steif schlagen und unter die Mehl-Salz-Masse heben.

.2]

Das Rinderfilet mit Salz und Pfeffer würzen, mit Dijonsenf einstreichen und von allen Seiten scharf anbraten.

[*Tipp*

Das Rinderfilet sollte man vor dem Aufschneiden zirka 5–10 Minuten an einem warmen Ort (zirka 80 Grad) ruhen lassen und ab und zu wenden, damit sich der Fleischsaft im Fleisch gleichmäßig verteilt.

.3]

Ein Blech mit Alufolie bedecken. 1/3 der Salzmasse darauf verteilen, Bergheu und Kräuter darauf geben, dann das Rinderfilet. Wieder mit Kräutern und Heu bedecken und zum Abschluss alles mit der restlichen Salzmasse zudecken. So wird das Rinderfilet bei 170 Grad für zirka 35–40 Minuten in den Ofen geschoben (Kerntemperatur zirka 48 Grad). Aus dem Ofen nehmen und die Salzkruste aufschneiden. Das Filet herausnehmen und ruhen lassen.

.4]

Das Schmorgemüse schälen und in gleichmäßige Stücke schneiden. Auch die Zucchini in Stücke schneiden und dann alles in einer Pfanne von allen Seiten in Olivenöl goldgelb anbraten. Mit den frischen Kräutern für zirka 10 Minuten in den auf 160 Grad vorgeheizten Ofen schieben.

.5]

Die Rotweinsauce erwärmen und dazugeben.

Bauernenten
2 Bauernenten, ungefähr 700 g je Stück
50 ml Samenöl
Salz
Pfeffer
1 Zweig Rosmarin
2 Knoblauchzehen

Vichykarotten
400 g Karotten
80 g Butter
25 g Zucker
250 ml Geflügelbrühe
Salz
Pfeffer
fein gehackte Petersilie
200 g Shitake Pilze

Trüffelsauce
350 ml Entensauce
50 g schwarzer Trüffel von bester Qualität
30 ml Madeirareduktion

Blaukrautsalat
200 g Blaukraut
2 EL Preiselbeermarmelade
10 g Puderzucker
etwas Himbeeressig
Salz
Pfeffer
2 EL Olivenöl

Junge Bauernente mit Vichykarotten und Blaukrautsalat

.1]

Die küchenfertige Ente innen und außen reichlich würzen, in Samenöl von allen Seiten anbraten, den Rosmarinzweig sowie die Knoblauchzehen in die Bauchhöhle geben. Bei 165 Grad auf dem Rücken zirka 25 Minuten in den Ofen schieben. Anschließend die Keulen von den Karkassen lösen und die Keulen weitere 10 Minuten im Ofen braten.

.2]

In der Zwischenzeit die Brüste auf den Vichykarotten und den Shitake-Pilzen servieren. Für die Vichykarotten zu der flüssigen Butter den Zucker und die Karotten beifügen, leicht glacieren lassen und mit dem Geflügelfond aufgießen. Würzen und weich kochen lassen. Etwas frisch gehackte Petersilie dazugeben und mit wenig eiskalter Butter legieren. Die Shitake-Pilze in einem Esslöffel Samenöl anbraten, leicht würzen und auf den Karotten anrichten.

.3]

Für die Trüffelsauce die Butter aufschäumen und den klein gehackten Trüffel darin anschwitzen. Roten Portwein, Cognac und Madeira auf 1/3 einkochen und den Trüffel damit ablöschen. Mit Kalbjus aufgießen und einreduzieren. Mit Salz und Pfeffer abschmecken.

.4]

Für den Krautsalat das Blaukraut auf der Aufschnittmaschine in feine Streifen schneiden und mit Preiselbeermarmelade, Puderzucker, Himbeeressig, Salz, Pfeffer und Olivenöl marinieren.

.5]

Nach 10 Minuten die Keulen auf dem Blaukraut-Preiselbeer-Salat anrichten und mit Trüffelsauce servieren.

Hirsch
2 Hirschstelzen
800 g Hirschrücken, küchenfertig
Olivenöl
Salz und Pfeffer
30 g Wacholderbeeren
30 g schwarze Pfefferkörner
75 g Korianderkörner
15 g Kümmel
10 g Piment
200 g Mirepoix (Karotte, Lauch, Sellerieknolle)
2 l brauner Wildfond
1 Kartoffel
500 ml Rotwein

Kartoffel-Lauch-Rösti
2 große Kartoffeln
2 Lauchstangen
1/2 Zwiebel, in Ringe geschnitten
300 ml Sahne
Salz und Pfeffer
200 g fertigen Blätterteig

Hirschstelze geschmort und rosa gebratener Hirschrücken mit Kartoffel-Lauch-Rösti

.1]

Die Hirschstelzen sauber zuparieren. Die ganzen Gewürze zerstoßen und mit einem Teil davon die Hirschstelzen einreiben. Mit Salz und Pfeffer würzen und in wenig Olivenöl von allen Seiten in einer Bratpfanne anbraten. Die Stelze herausnehmen und das Mirepoix dazugeben. Ungefähr 10 Minuten rösten, dann mit Rotwein löschen und einreduzieren lassen. Mit Wildfond auffüllen, die Hirschstelze dazugeben, die geschälte Kartoffel in den Fond reiben und zugedeckt zirka zwei Stunden bei mäßiger Hitze (zirka 160 Grad) garen. Die Hirschstelze aus dem Schmorsaft nehmen, denselben passieren und auf die gewünschte Konsistenz einkochen lassen.

.2]

Den Hirschrücken mit dem Rest der Gewürze ebenfalls einreiben, in Öl anbraten und dann im Ofen bei 160 Grad zirka 40 Minuten braten (Kerntemperatur 44 Grad).

.3]

Für das Kartoffel-Lauch-Rösti die Kartoffeln raspeln und salzen, damit sie die Stärke verlieren. Zirka 5–10 Minuten so im Salz liegen lassen, dann gut ausdrücken und in einer Teflonpfanne zu einem goldbraunen Rösti backen. Den Lauch gut waschen, in Ringe schneiden und mit den Zwiebeln in Olivenöl anschwitzen. Die flüssige Sahne beifügen und sämig kochen. Mit Salz und Pfeffer abschmecken, auf den Kartoffelrösti schichten und dann mit dem ausgerollten Blätterteig bedecken. Mit Eigelb bestreichen und im Backrohr bei 200 Grad ungefähr 20 Minuten goldgelb backen.

Milchlammschulter im Ganzen geschmort

2 Lammschultern
Salz und Pfeffer aus der Mühle
4 EL Olivenöl
250 g Karotten
170 g Petersilienwurzel
170 g Schalotten
100 g Zwiebel
2 Knoblauchzehen
Thymian, Rosmarin
300 ml Weißwein
300 ml Kalbsfond
60 g Butter
frischer Rosmarin und Thymian
Schale von einer Limette
Muskatnuss

.1]

Die Lammschulter mit Salz und Pfeffer aus der Mühle gut würzen. Das Olivenöl in einer Bratpfanne erhitzen, darin die Schulter von allen Seiten gut anbraten. Das in Würfel geschnittene Gemüse mit dem Knoblauch und den Kräutern beimengen und im Ofen bei zirka 160 Grad braten. Nach etwa 30 Minuten die Schulter mit Alufolie abdecken (damit sie nicht zu braun wird), dann mit etwas Weißwein löschen und einkochen lassen. Diesen Vorgang ein paar Mal wiederholen und ungefähr zwei Stunden schmoren. Dann die Schulter herausnehmen und warm stellen. Den Bratensatz mit dem Kalbsfond aufgießen, etwas einreduzieren lassen und durch ein Sieb passieren.

.2]

Vor dem Servieren die Schulter in Butter mit frischen Kräutern nachbraten und mit etwas Limettenschale und Muskatnuss verfeinern.

Liwanzen mit Topfeneis und Sauerrahmschaum

.1]

Für die Liwanzen wird die Hefe in leicht erwärmter Milch aufgelöst. Das Eigelb, das gesiebte Mehl und die geschmolzene Butter unterrühren. Etwa eine Stunde im Kühlschrank zugedeckt stehen lassen. Eiweiß und Zucker zu Schnee schlagen und unter den Hefeteig heben. Butter in einer Pfanne erhitzen und kleine Plätzchen (Liwanzen) herausbacken. Diese dann mit Powidl und Topfenfüllung füllen.

.2]

Für die Topfenfülle werden alle Zutaten glattgerührt und ebenfalls eine Stunde zugedeckt in den Kühlschrank gestellt.

Liwanzen
140 g Weizenmehl
190 ml Milch
18 g Hefe
20 g geschmolzene Butter
1 Eigelb
1 Eiweiß
20 g Zucker

Außerdem
80 g Powidl
(Zwetschgenmarmelade)

Topfenfüllung
250 g Topfen
50 g Puderzucker
80 g Sauerrahm
Zitronenzeste
Vanillemark

Topfeneis
125 ml Milch
125 ml Sahne
100 g Zucker
2 Eigelb
120 g Topfen
60 g Sauerrahm
1 Vanilleschote
Rum nach Geschmack

Sauerrahmschaum
120 g Sauerrahm
Saft von einer Zitrone
30 ml Milch
30 g Puderzucker

.3]

Für das Topfeneis rührt man die Eigelb mit etwas Milch glatt. Dann die restliche Milch, die Sahne, den Zucker und die Vanilleschote zugeben und im Wasserbad zur Rose abziehen (auf 80 Grad erhitzen). Topfen und Sauerrahm glatt rühren, in die Grundmasse rühren, mit dem Rum abschmecken und in der Eismaschine frieren.

.4]

Für den Sauerrahmschaum den Sauerrahm mit Zitronensaft und Puderzucker abschmecken, mit der Milch die Konsistenz etwas verlängern. Vor dem Servieren mit dem Stabmixer aufschäumen.

Sorbet von grünem Apfel mit Rotweinsabayon

Rotweinsabayon
200 ml Rotwein-reduktion
1 Ei
2 Eigelb
5 g Zucker

Apfelsorbet
200 ml Weißwein
35 g Zucker
1/2 TL Ascorbinsäure
1/2 Zimtrinde
1 Sternanis
4 Granny-Smith-Äpfel

.1]

Für die Rotweinreduktion einen halben Liter Rotwein mit einer halben Zimtrinde, einer halben Vanilleschote und zwei Nelken auf die Hälfte einreduzieren. Die Brunoise von einem Apfel mit der heißen Rotweinreduktion übergießen und ziehen lassen. Dann aus der Reduktion nehmen und als Garnitur verwenden. Die Reduktion auskühlen lassen, mit dem Ei, den Eidottern und dem Zucker vermischen und im Wasserbad bei 70 Grad zu einem Sabayon aufschlagen.

.2]

Für das Apfelsorbet die Granny-Smith-Äpfel halbieren und das Apfelfleisch vorsichtig mit Hilfe eines Parisienne-Ausstechers so herausnehmen, dass die Schale unbeschadet bleibt. Die Apfelhälften mit Zitronensaft einreiben, damit sie nicht braun werden und kalt stellen. Einige Kerne aufbewahren und aus dem Apfelfleisch und zwei weiteren Äpfeln das Apfelsorbet wie folgt zubereiten: Das Apfelfleisch mit den restlichen Zutaten aufkochen und ziehen lassen. Zimt und Sternanis herausnehmen, das Fruchtfleisch pürieren und frieren. Dann wieder in die Apfelhälften füllen und mit den Kernen ausgarnieren.

Sorbet

Stubanki-Roulade mit Birnencarpaccio

Kartoffelteig
500 g Kartoffeln
50 g Butter
40 g Weizengrieß
8 g Salz
1 Eigelb
100 g Mehl
Zeste von einer halben Zitrone

Mohnfülle
200 g Zuckerbrösel
250 g gemahlener Mohn
250 g Walnüsse
130 ml Milch
Vanille, Zimt und Salz nach Geschmack
Zeste von einer Zitrone
Zeste von einer Orange
75 g Honig
75 g Zucker
Rum
40 g Powidl, passiert (Zwetschgenmarmelade)
120 g Eiweiß, zu Schnee geschlagen
40 g Rosinen, grob gehackt

Birnencarpaccio
Zwei Birnen mit der Aufschnittmaschine in dünne Scheiben schneiden, in Läuterzucker einlegen, in eine Vakuumtüte einschweißen und für 5 Minuten in kochendes Wasser legen.

Ingwereis
310 ml Sahne
110 ml Milch
70 g Zucker
90 ml Kondensmilch
70 g Glucose
20 g Milchpulver
15 g Ingwer, in dünne Scheiben geschnitten
60 g gehackten, kandierten Ingwer

.1]

Für den Kartoffelteig ein Kilo Kartoffeln in der Schale auf Salz im Ofen backen. Schälen und auskühlen lassen und am nächsten Tag passieren. Die flüssige, heiße Butter und die restlichen Zutaten darunter mischen und zu einem geschmeidigen Teig verarbeiten.

.2]

Für die Mohnfüllung die Zuckerbrösel, den gemahlenen Mohn und die Walnüsse zusammen fein reiben. Milch mit Vanille, Zimt, Salz, Zitronenzeste, Orangenzeste, Honig und Zucker zum Kochen bringen und in die Mohn-Bröselmischung einrühren. Etwas abrösten, vom Feuer nehmen und die restlichen Zutaten unterheben.

.3]

Den Kartoffelteig dünn ausrollen und die Mohnfülle nicht zu dick aufstreichen. Einrollen und kurz in den Tiefkühler legen. In zirka drei Zentimeter lange Stücke schneiden, einzeln in Klarsichtfolie einrollen und im Wasser 15–20 Minuten zugedeckt sieden lassen.

.4]

Birnenscheiben auf den Teller legen. Roulade aus dem Wasser und der Folie nehmen, mit heißer Butter bestreichen und im Zimtzucker wälzen, halbieren und auf dem Carpaccio von Birnen anrichten.

.5]

Für das Ingwereis alle Zutaten, außer dem kandierten Ingwer, vermengen, aufkochen und 24 Stunden ziehen lassen. Ingwer abseihen, aufmixen und frieren. Nach dem Ausfrieren noch 60 g gehackten, kandierten Ingwer unter die Eiscreme rühren.

Roulade

Topfen-Brombeer-Knödel

20 g Butter
1/2 Vanilleschote
1/4 Zitrone
20 g Zucker
1 Ei
1 Eigelb
20 vollreife Brombeeren
270 g Topfen
80 g Mie de pain
(entrindetes, geriebenes Weißbrot)

Brombeersüppchen

400 g Brombeeren
20 g Puderzucker
10 ml Cointreau
50 ml Prosecco
1 Saft von einer Zitrone

Ginger-Ale-Sorbet

170 ml Ginger-Ale
90 ml Läuterzucker
140 ml Prosecco
20 ml Limettensaft

Außerdem

Phyloteig
(Fertigprodukt)
für die Teigschüsselchen

Topfen-Brombeer-Knödel mit Ginger-Ale-Sorbet

.1]

Für die Topfenknödel Butter mit Vanillemark, Zitronenzeste und Zucker schaumig schlagen. Ei und Dotter mit Zitronensaft verrühren und nach und nach in die Buttermasse einrühren. Topfen zugeben und vorher entrindetes, fein geriebenes Weißbrot (Mie de pain) unterheben. Die Masse mindestens zwei Stunden im Kühlschrank rasten lassen.

.2]

Hände bemehlen und etwas Topfenmasse flachdrücken, eine Brombeere in die Mitte setzen und sorgfältig mit der Topfenmasse umhüllen.

.3]

Wasser mit Salz zum Sieden bringen, die Knödel einlegen und zirka fünf Minuten ziehen lassen. Aus dem Wasser nehmen und abtropfen. Weißbrotbrösel in Butter mit etwas Zucker in einer Pfanne langsam goldbraun rösten. (Pro Person benötigt man etwa eine halbe Handvoll Brösel und einen Teelöffel Butter, Zucker nach Geschmack.) Die Topfen-Brombeer-Knödel in den gerösteten Weißbrotbröseln wälzen und mit Puderzucker bestreuen.

.4]

Für das Brombeersüppchen die Brombeeren mit Zucker und Zitronensaft marinieren, etwa eine halbe Stunde ziehen lassen und dann pürieren, durch ein feines Sieb passieren und nach Geschmack mit Cointreau und Prosecco verfeinern.

.5]

Für das Ginger-Ale-Sorbet die Zutaten vermengen. In der Sorbetmaschine frieren lassen.

.6]

Für die Phyloschüsselchen ein Teigblatt auslegen und vier Scheiben von etwa 10 cm Durchmesser ausschneiden. Weinkorken auf eine Gabel stecken, Fett auf etwa 170 Grad erhitzen, Phyloblatt einlegen und mit Hilfe des Korkens in das Fett drücken – automatisch entsteht ein Schüsselchen. Der Teig wird in etwa 30 Sekunden goldbraun. Aus dem Fett ziehen und abtropfen lassen, noch heiß den Korken vorsichtig lösen.

.7]

Brombeersüppchen aufmixen und in die Teller gießen. In die Mitte das Phyloschüsselchen stellen und mit Sorbet auffüllen. Drei Knödel herum setzen und mit Staubzucker bestreuen.

Vollkorncrêpes mit Calvados-Apfel-Gratin

.1]

Für die Palatschinken den Zucker mit den Eiern, den Eigelb, sowie Salz und Milch glatt rühren. Das Mehl in eine Schüssel sieben, die Eiermilch in kleinen Mengen zugeben und zu einem glatten Teig verrühren.

.2]

Für die Calvadosäpfel die Äpfel schälen, halbieren, die Kerngehäuse entfernen und in dünne Scheiben schneiden. Mit Zitronensaft beträufeln, damit die Äpfel nicht braun werden. Die restlichen Zutaten, außer dem Calvados, in einen Topf geben und zum Kochen bringen. Die Apfelscheiben zugeben, nochmals aufkochen lassen und zugedeckt im Rohr bei 200 Grad gar ziehen lassen, bis die Apfelscheiben glasig sind, aber nicht zerfallen. Die Äpfel sofort herausnehmen und kalt stellen.

Palatschinkenteig
60 g Weizenmehl
60 g Weizen-vollkornmehl
12 g Zucker
40 g Butter
2 Eier
2 Eigelb
30 ml Milch
etwas Salz

Calvadosäpfel
6 Äpfel
Saft von einer Zitrone
300 ml Wasser
200 ml Weißwein
160 g Zucker
1 kleine Zimtstange
3 Nelken
75 ml Calvados

Außerdem
4 EL Heidelbeer-marmelade
4 EL Sauerrahm
4 Johannisbeertrauben
1 EL Zucker

.3]

Den Saft um die Hälfte einreduzieren, mit Calvados aufgießen, abkühlen und die Äpfel darin 24 Stunden marinieren lassen.

.4]

Für die Heidelbeermarmelade 400 g Heidelbeeren mit 100 g Zucker und dem Saft von einer Zitrone einkochen.

.5]

In einer Pfanne acht Palatschinken im Durchmesser von 15 cm backen. Je einen Palatschinken in eine kleine Eisenpfanne geben und mit der Heidelbeermarmelade bestreichen. Wieder eine Crêpes daraufsetzen und mit den Calvadosäpfeln belegen. Im vorgeheizten Rohr bei 200 Grad erwärmen, aus dem Rohr nehmen und mit Zucker bestreuen. Mit dem Bunsenbrenner karamellisieren.

.6]

In die Mitte einen Esslöffel leicht gesüßten Sauerrahm setzen und mit einer in Zucker gewälzten Johannisbeertraube verzieren.

Rahmschmarren
mit Rhabarberkompott und Sorbet

.1]

Für den Rahmschmarren Sauerrahm und Eigelb, Vanillemark und Zitronenzeste glatt rühren. Mehl einrühren und das mit Zucker zu Schnee geschlagene Eiweiß unterheben. Eine Pfanne mit etwas Butter heiß werden lassen und zwei Esslöffel Zucker zugeben. Leicht karamellisieren lassen. Die Schmarrenmasse etwa zwei Zentimeter hoch in die Pfanne gießen und in das auf 180 Grad vorgeheizte Backrohr schieben. Wenn der Schmarren fest durchgebacken ist, wenden und fertig backen. Mit Hilfe von zwei Löffeln den Schmarren in große Stücke teilen und mit Puderzucker bestreuen.

Rahmschmarren
40 g Sauerrahm
3 Eigelb
1 Vanilleschote
Schale von einer Zitrone
60 g Mehl
3 Eiweiß
90 g Zucker

Rhabarberkompott
500 g Rhabarber (geschält)
160 ml Wasser
160 ml Weißwein
130 g Zucker
20 ml Zitronensaft

Rhabarbersorbet
300 g Rhabarberkompott, püriert
50 ml Läuterzucker
60 g Glucose
1 Blatt Gelatine

Erdbeersorbet
300 g Erdbeeren
40 ml Orangensaft
50 ml Läuterzucker
60 g Glucose
1 Blatt Gelatine
10 ml Zitronensaft

.2]

Für das Kompott den Rhabarber schälen und in Rauten schneiden. Die Schale und die Abschnitte mit der Flüssigkeit aus Wasser, Weißwein, Zucker und Zitronensaft aufkochen, einige Minuten ziehen lassen und passieren. Über den geschnittenen Rhabarber gießen und abgedeckt weich ziehen lassen.

.3]

Etwa 300 g des Rhabarberkompotts für das Sorbet pürieren, den Rest mit einigen frischen Erdbeeren mischen und unter den Schmarren heben.

.4]

Für die beiden Sorbets alle Zutaten vermischen und frieren. Schichtweise in ein Glas füllen.

.2]

[Italien

VIAGRA
NATURALE
AFRODISIACO
ANTIDOLORE
ANTIULCERA
VASODILATATORE
€ 5,00
ISCRITTO
ACCADEMIA ITALIANA DEL PEPERONCINO

Italien

„Die italienische Küche ist für mich ein Lebensgefühl. Wenn ich an einen Teller Nudeln mit sonnengereiften Tomaten, Olivenöl und duftendem Basilikum denke, dann denke ich auch gleichzeitig an Sommer, Sonne und Meer. Die herrlichen Aromen und Farben, die Vielfalt der Gewürze und der Kräuter bringen für mich Urlaubsstimmung auf den Teller. Ob Fisch oder Fleisch, Olivenöl oder Käse, Früchte oder Gemüse – es ist ganz einfach immer alles vorhanden und als Koch kann man aus dem Vollen schöpfen. An der italienischen Küche schätze ich vor allem auch ihre lässige Art, einfach bei jedem Produkt die höchste Qualität als selbstverständlich vorauszusetzen und dann beim Kochen alles so natürlich wie möglich zu belassen.“

[„Balsamessig…

… ist für unendlich vieles mehr verwendbar, als nur für die Salatsoße. Zum Beispiel passt ein guter Balsamiko ganz hervorragend zu Gänseleber, Parmesan oder Fisch. Wichtig ist es, ein gutes Produkt zu kaufen und lieber sparsam zu verwenden, als schon beim Einkauf zu knausern. Echter Balsamessig hat unglaublich lange Lagerzeiten, wodurch sich der hohe Preis erklärt. In New York haben wir vor einigen Jahren ein privates Menü im Haus des Weinimporteurs Ed Lauber gekocht, Gänseleber mit einer karamellisierten Sauce aus Balsamiko. Dabei haben wir eine ganze Flasche seines 100 Jahre alten Balsamessigs verbraucht. Der gute Mann ist zwar fast in Ohnmacht gefallen, aber die Sauce war wirklich sensationell gut.“

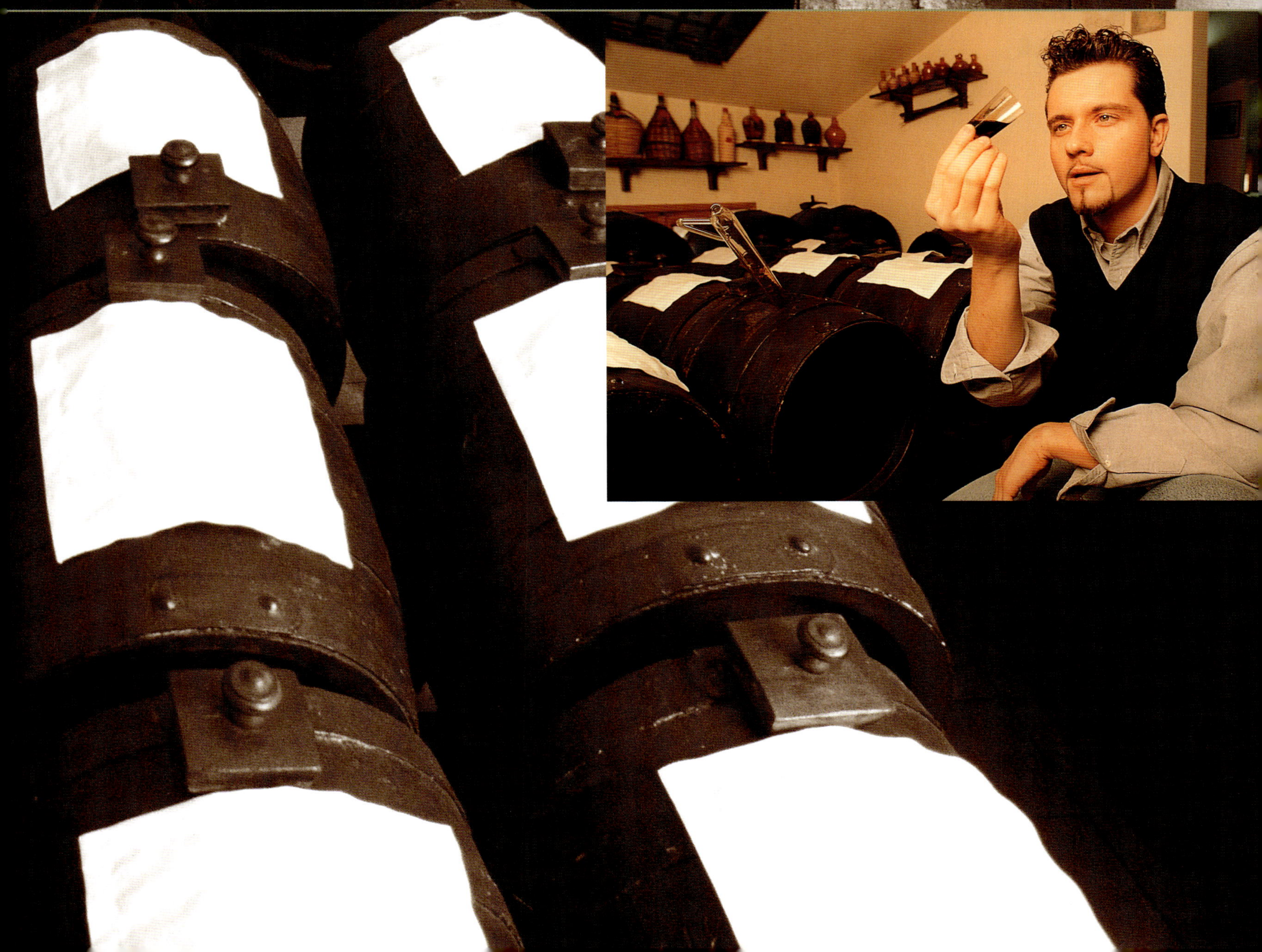

[„Olivenöl…

… ist für mich das natürlichste Öl. Das Interessante am Olivenöl ist, dass es in jeder Region total anders schmeckt und deshalb auch für Verschiedenes verwendet werden kann und sollte. Beim Olivenöl gibt es große Unterschiede in der Qualität und man sollte generell darauf achten, nur gute Öle zu verwenden. Im Grunde braucht man schon in einer privaten Küche mehrere verschiedene Öle für verschiedene Dinge. Die Top-Öle sollten nur roh verwendet werden, weil durch das Erhitzen viele kostbare Aromastoffe verloren gehen."

Olivenöl

CONSORZIO
TUTELA

[„Parmesan...

... ist neben Mozzarella sicher der weltweit bekannteste Käse aus Italien. Er ist extrem vielseitig verwendbar und aus der italienischen Küche praktisch nicht wegzudenken. Auch beim Parmesan gibt es große Qualitätsunterschiede, die unter anderem mit der Dauer der Lagerung zusammenhängen. Durch den Käsekult der letzten Jahre hat es auch beim Parmesan Quantensprünge bei der Qualität gegeben. Kontrolle, Markenschutz und Marketing halte ich beim Parmesan für vorbildlich.“

„Parmaschinken…

hat weltweit einen sehr guten Ruf – zu Recht, wie ich finde. Die Qualität wird beim Parmaschinken sehr genau kontrolliert, wie übrigens auch beim Südtiroler Speck. Der Parmaschinken ist unserem Speck insofern voraus, als dass für den Parmaschinken ausschließlich eigene Schweine gezüchtet werden.
Wie immer hat auch hier gute Qualität ihren Preis. Durch die lange Lagerung kommt es zu Gewichtsverlust, der durch den Preis wieder ausgeglichen werden muss. Eine Philosophie für sich ist beim Parmaschinken auch das Schneiden.
Am genialsten ist sicherlich die berühmte Berkel-Schneidemaschine, bei der die Geschwindigkeiten von Wagen und Messer perfekt aufeinander abgestimmt sind, so dass kein Druck ausgeübt werden muss."

Parma

PROSCIUTTO
DI PARMA
DISOSSATO
Ausonio Tosini S.P.A.
MARCHIO DEPOSITATO

„Trüffel…

… ist eines der edelsten Produkte, die überhaupt in der Küche verwendet werden. Sie haben einen interessanten und intensiven Geschmack und ein einzigartiges, fast schon animalisches Aroma. Weiße Trüffel können nicht gezüchtet oder manipuliert werden, sie gehören zu den wenigen Lebensmitteln, wo der Mensch der Natur nicht ins Handwerk pfuschen kann. Je nach Qualität und gefundener Menge sind die Preise von Jahr zu Jahr sehr unterschiedlich, aber generell immer sehr hoch. Das Wichtigste ist sicher, einen Händler zu finden, dem man vertrauen kann. Trüffel sollte man sorgfältig lagern, sonst verlieren sie schnell an Gewicht und Aroma: Einzeln in leicht feuchtem Küchenpapier an einem dunklen kühlen Ort lagern. Am besten genießt man sie so natürlich wie möglich. Zum Kochen sollte man vorzugsweise schwarzen Trüffel verwenden. Weißer Trüffel sollte in erster Linie frisch vor dem Gast auf das Gericht gehobelt werden."

LACERTI
€ 4.00 Kg
CEFALI
€ 4.50 Kg
POLPO
€ 7.50
SPIGOLA
€ 7.20 Kg
TRIGLIE
€ 8.50 Kg
ORATA
€ 7.20 Kg
MEDITERANEO
€. 6.20
SCARPETTE
€. 7.50 Kg

Fisch

[„Fisch...

... ist eindeutig mein Lieblingsprodukt. Mich fasziniert vor allem die Vielfalt und die Schönheit der Fische. Besonders liebe ich alle Kaltwasserfische und Meeresfrüchte wie Heilbutt, Steinbutt, Hummer oder Austern. Ihr Fleisch ist viel kompakter und delikater als das der Pazifikfische, die aber wiederum allein durch ihre extravaganten Formen und Farben begeistern. Außerdem ist das Fleisch der wild lebenden Fische, wie zum Beispiel Wildlachse, im Geschmack besser. Sehr gern verwende ich aber auch Süßwasserfische. Die Vielfalt beim Fisch erstreckt sich auch auf die Zubereitung: Man kann Fische marinieren, beizen, räuchern, roh essen, trocknen, braten, dämpfen, backen, kochen oder grillen. Am besten ist es, Fische ohne allzu schwere Saucen zu servieren. Die wahre Kunst ist, für jeden Fisch die perfekte Garmethode zu finden."

]

„Pasta…

… ist quasi zum Synonym für Italien geworden. Weltweit sind Nudeln in ihren vielfältigen Zubereitungsmöglichkeiten sicherlich eines der beliebtesten Nahrungsmittel. Ein guter Teller voller dampfender, hausgemachter Nudeln – was braucht man mehr? Spaghetti mit Tomaten, mit Meeresfrüchten, oder auch ganz einfach mit Öl und Knoblauch gehören zu meinen persönlichen Lieblingsgerichten.“

Terrine von Ziegenfrischkäse und Ofentomaten

Terrine von Ofentomaten
20 reife Ramato-Tomaten
1,5 l Olivenöl
10 Blatt Basilikum
5 Knoblauchzehen
1 Zweig Rosmarin
Salz und weißer Pfeffer aus der Mühle
3,5 Blatt Gelatine

Terrine von Ziegenfrischkäse
300 g Ziegenfrischkäse
100 g gelagerter Ziegenkäse
60 g Kuhmilchfrischkäse
100 ml Geflügelfond
Salz und weißer Pfeffer aus der Mühle
Zitronensaft
1,5 Blatt Gelatine
100 ml geschlagene Frischsahne

Artischocken
4 Mamme Artischocken
3 Zitronen
1/2 TL Askorbinsäure
50 ml Olivenöl
2 Schalotten, in Scheiben geschnitten
1 Knoblauchzehe
30 g Bauchspeck
Salz und Pfeffer
30 ml weißer Balsamessig
0,5 l Rinderconsommé
Wacholderbeeren, Basilikum, Lorbeerblatt und Rosmarin

Balsamdressing
3 EL alter Balsamessig
2 EL Rinderconsommé
Salz und schwarzer Pfeffer aus der Mühle
8 EL kalt gepresstes Olivenöl

Rosmarin-Parmesan-Hippe
60 g Mehl
Salz
1 Eiweiß
50 g Butter
1 EL Wasser
50 g Parmesan
1 fein zerdrückte Knoblauchzehe
1 TL Rosmarin, fein gehackt

.1]

Für die Ofentomatenterrine die Tomaten halbieren und das Kerngehäuse entfernen. Das Olivenöl, die Kräuter, die Tomaten und die Gewürze in ein feuerfestes Gefäß geben und zirka 10 Stunden bei 60 Grad garen lassen. Die Tomaten herausnehmen, die Haut abziehen, in ein Sieb legen und abtropfen lassen, dabei den Fond von den Tomaten auffangen. Die Gelatine in dem Fond der Tomaten auflösen. Fond und die Tomaten mischen, mit Salz und Pfeffer fertig abschmecken, in eine mit Klarsichtfolie ausgelegte Terrinenform geben und vier bis fünf Stunden kalt stellen (das Öl anderweitig verwenden).

.2]

Für die Ziegenfrischkäseterrine alle Käsesorten mit 2/3 vom Geflügelfond mixen. Die Gelatine in kaltem Wasser einlegen, 1/3 vom Geflügelfond erwärmen, die Gelatine darin auflösen und zu der Käsemischung geben. Mit Salz, Pfeffer und dem Zitronensaft abschmecken und die geschlagene Sahne vorsichtig unterziehen. Eine Terrinenform mit Klarsichtfolie auslegen, das Ziegenfrischkäsemousse darin abfüllen und für vier bis fünf Stunden kalt stellen.

.3]

Für die Artischocken den Zitronensaft mit der Askorbinsäure in 2 l Wasser vermischen, dann die geputzten Artischocken darin einlegen. Knoblauch, Schalotten und Bauchspeck in einer Pfanne mit dem Olivenöl anschwitzen, die geviertelten Artischocken dazugeben und mit dem Balsamessig ablöschen. Den Fond einkochen lassen und mit der Rinderconsommé aufgießen. Die Gewürze und Kräuter beimengen, gar ziehen und im Fond auskühlen lassen.

.4]

Für das Balsamdressing den Balsamessig mit der Rinderessenz vermischen, Salz und Pfeffer beifügen. So lange rühren, bis sich das Salz aufgelöst hat, dann das Olivenöl langsam einrühren.

.5]

Für die Rosmarin-Parmesan-Hippen das Mehl mit dem Salz und dem Eiweiß vermengen. Die cremige Butter mit dem Parmesan, dem Knoblauch und dem Wasser vermengen. Die beiden Massen mischen und mittels einer Schablone auf eine Silpat-Matte streichen. Mit dem Rosmarin bestreuen und im Ofen bei 160 Grad goldgelb backen.

.6]

Zum Anrichten pro Person von jeder Terrine ein Stück abschneiden. Die Artischocken mit dem Balsamdressing marinieren und die Rosmarin-Parmesan-Hippe dazulegen.

Tipp

Das Tomatenöl eignet sich sehr gut für Dressings oder zum Pochieren von Fisch, Geflügel oder Lamm.

Frittierte Cannelloni mit Burrata und mediterranem Gemüse

Cannelloni
12 Wan-Tan-Teigblätter
(Fertigprodukt)
1 Eiweiß
2 Burrata, aufgehackt

Mediterranes Gemüse
1 l Wasser
250 ml Weißweinessig
2 Lorbeerblätter
1 TL schwarze Pfefferkörner
1 EL Salz
1 Karotte, in Stäbchen geschnitten
1 Stangensellerie, in Stäbchen geschnitten
1 Kohlrabi, in Halbmonde geschnitten
12 Blumenkohlröschen
12 Romanesco-Röschen
12 Erbsenschoten
1 l Olivenöl
4 Cocktailtomaten

Dressing
100 ml Consommé
1 EL gehackte Petersilie
5 EL Balsamessig-vinaigrette
2 TL Kartoffelstärke

Außerdem
Blattsalate und Kräuter zum Garnieren

.1]

Für die Cannelloni den Wan-Tan-Teig um einen Stab rollen, mit Eiweiß bestreichen und bei 160 Grad frittieren. Vom Stab nehmen und auf Küchenkrepp abtropfen.

.2]

Für das Gemüse das Wasser, den Essig, die Lorbeerblätter, Salz und Pfefferkörner in einen Topf geben und zum Kochen bringen. In diesem Sud das nicht grüne Gemüse weich kochen. Das restliche (grüne) Gemüse in Salzwasser blanchieren und in Eiswasser auskühlen lassen. Gemüse in Olivenöl einlegen. Die Tomaten schälen, mit Olivenöl, Pfeffer und Zucker marinieren und bei 40 Grad zwei bis drei Stunden trocknen. Dann ebenfalls in dem Öl einlegen.

.3]

Für das Dressing die Consommé zum Kochen bringen und mit der Stärke binden. Die restlichen Zutaten beimengen und gut verrühren.

.4]

Cannelloni mit der Burrata füllen und auf dem Gemüse mit dem Salat servieren.

Cannelloni

Fond zum Einlegen
250 ml Olivenöl
750 g weiße Zwiebeln
10 g Zucker
150 ml Apfelessig
3 Lorbeerblätter
3 Knoblauchzehen
5 Pfefferkörner
1 TL Wacholderbeeren
3 Zweige Thymian
Salz
Pfeffer
30 g Sultaninen

Sardinen
400 g geputzte, entgrätete Sardinen
100 g Tempuramehl
50 g Mehl
Salz
Pfeffer
Öl zum Ausbacken

Polentaschaum
250 ml Milch
0,7 l Rinderbrühe
150 g weißes Polentamehl
90 g Butter
6 EL Olivenöl
Salz
Pfeffer

Tomatenöl
10 Tomaten
5 ml Traubenkernöl

Außerdem
Salat zum Garnieren

Sarde in Saor mit weißem Polentaschaum

.1]

Die Zwiebeln in feine Scheiben schneiden und zusammen mit dem Knoblauch in dem Olivenöl anschwitzen. Wenn die Zwiebeln eine glasige Farbe haben, den Zucker und die Gewürze dazugeben. Mit dem Essig und dem Zitronensaft ablöschen. Zudecken und zirka 15 Minuten weich dünsten.

.2]

Die Sardinen sauber putzen und von allen Gräten befreien, salzen und pfeffern. Beide Mehlsorten mischen, die Sardinen darin wenden und in heißem Öl ausbacken.

.3]

Den Zwiebelfond auf Zimmertemperatur auskühlen lassen und die Sultaninen beifügen. Schichtweise Sardinen und Zwiebelfond in ein Gefäß einschichten und mindestens 24 Stunden ziehen lassen.

.4]

Für das Tomatenöl die Tomaten in Wasser blanchieren und die Haut abziehen. Die Tomaten für ein anderes Gericht aufbewahren und die Haut bei zirka 40 Grad vier Stunden im Ofen trocknen. Fein mixen und mit Traubenkernöl vermischen.

.5]

Für den Polentaschaum Milch und Rinderbrühe zum Kochen bringen, das feine, weiße Polentamehl einrieseln lassen. Mit Salz und Pfeffer würzen, Butter und Olivenöl beimengen und die ziemlich flüssige Polenta in eine Siphon-Flasche füllen. Zwei Gaskartuschen einsetzen und zirka vier Stunden im Wasserbad bei 60 Grad rasten lassen. Vor dem Servieren auf den Teller aufspritzen, Sardinen und etwas von der Zwiebelmarinade darauf legen und mit Salat garnieren.

Jakobsmuscheln mit Passionsfruchtdressing und schwarzem Trüffel

.1]

Die Jakobsmuscheln in feine Scheiben schneiden, mit Salz, Pfeffer, Olivenöl und Limettenzesten würzen.

Jakobsmuscheln

8 geputzte Jakobsmuscheln
Salz und Pfeffer
3 EL kalt gepresstes Olivenöl
Zeste von einer Limette

Passionsfruchtdressing

5 vollfleischige Passionsfrüchte
5 EL Läuterzucker
3 EL Champagneressig
2 EL Traubenkernöl
5 EL Olivenöl
Salz und Pfeffer

Gemüse

1 weißer Stangensellerie
20 grüne Thaispargel
1 grüner Apfel
2 Passionsfrüchte zum Garnieren

Außerdem

Eine kleine Schüssel Blattsalate
20 feine Scheiben schwarzer Trüffel
Salz und Pfeffer
2 EL Zitronendressing
(Rezept siehe Scampicarpaccio, Seite 122-123)

.2]

Für das Passionsfruchtdressing die Früchte auskratzen und durch ein Sieb passieren. Mit dem Saft und den restlichen Zutaten eine Vinaigrette rühren und danach die Kerne wieder hineingeben.

.3]

Den Stangensellerie schälen, in dünne Streifen schneiden, in leicht gesalzenem Wasser einige Minuten blanchieren und in Eiswasser auskühlen lassen. Denselben Vorgang mit dem Thaispargel wiederholen. Den grünen Apfel in Stäbchen schneiden und gemeinsam mit dem Spargel und dem Sellerie mit Zitronendressing marinieren.

.4]

Mit den marinierten Jakobsmuscheln anrichten, vor dem Servieren den schwarzen Trüffel darüber hobeln. Mit den Blattsalaten ausgarnieren und mit dem Passionsfruchtdressing überträufeln.

Scampicarpaccio mit Fenchel-Melonen-Vinaigrette und Sesamhippe

Scampicarpaccio
20 Stück geputzte Scampischwänze
30 g Melonenwürfel
30 g rohe Fenchelwürfel
1 EL schwarzer Sesam
Salz und Pfeffer aus der Mühle

Zitronendressing
70 ml frisch gepresster Zitronensaft
65 ml Läuterzucker
5 ml Champagneressig
20 ml Traubenkernöl
60 ml Olivenöl
Zeste von einer Limette
Salz und Pfeffer aus der Mühle

Sesamhippe
1 EL Stärke
1 EL Mehl
2 EL Tempuramehl
140 ml Wasser
Salz
10 g weißer Sesam zum Bestreuen

Außerdem
40 g Zupfsalat: Frisee, Lollo rosso, Radicchio und Rucola
Salz und weißer Pfeffer aus der Mühle
etwas frischen Dill

.1]

Die Scampi putzen, waschen und trocknen, dann auf eine Klarsichtfolie legen, würzen und so eng wie möglich einrollen. Im Tiefkühler zirka 5–6 Stunden gut durchfrieren lassen.

.2]

Für das Dressing alle Zutaten gut vermischen, bis sich das Salz aufgelöst hat.

.3]

Für die Sesamhippe alle drei Mehlsorten mit dem Wasser vermengen und mit einem Pinsel dünn auf eine Silpat-Matte streichen. Mit Sesam bestreuen und zirka vier Minuten (Farbe sollte leicht braun sein) bei 180 Grad backen.

.4]

Die Teller mit Zitronendressing einstreichen, mit Salz und Pfeffer würzen. Die Scampis mit der Aufschnittmaschine in zwei Millimeter dünne Scheibchen schneiden und sofort auf die Teller legen. Mit Zitronendressing bestreichen und mit Salz und Pfeffer würzen. Dann die Fenchel- und Melonenwürfel gleichmäßig darüber verteilen und mit dem schwarzen Sesam bestreuen.

.5]

Die Salate mit etwas Zitronendressing marinieren und in einem Ring aufbauen, dann die Sesamhippe darauf anrichten und mit Dill ausgarnieren.

Bouillon
5 l Wasser
1 Selleriestange
1 kleine Stange Lauch
1 TL zerdrückte schwarze Pfefferkörner
1 Zwiebel
10 Petersilienstängel
1 Lorbeerblatt
Salz
300 ml Weißwein

Außerdem
Zwei lebende Hummer
Olivenöl
Limettenzeste

Grünes Apfelgelee
4 Granny Smith Äpfel
1 Msp Ascorbin Säure
1/2 entkernte Salatgurke mit der Schale
Zeste von einer Limette
1 EL Läuterzucker
1/2 Blatt Gelatine
Salz und Pfeffer

Außerdem
Zupfsalat
100 g Kaviar
Kerbel zum Garnieren

Hummer auf grünem Apfelgelee mit Kaviar

.1]

Für den Hummerfond das Gemüse in Würfel schneiden, mit Wasser, Wein und Gewürzen auffüllen und zum Kochen bringen (man sollte immer einen großen weiten Topf nehmen). Den Hummer einlegen und vier Minuten kochen lassen. Herausnehmen, im Eiswasser auskühlen lassen und dann ausbrechen.

.2]

Für das grüne Apfelgelee die Äpfel und Gurke mit Schale entsaften. Die Ascorbinsäure (wegen der Farbe) beigeben und mit den restlichen Zutaten abschmecken. Die eingeweichte Gelatine in etwas von dem Saft auflösen und zu dem restlichen Saft geben. Vier Teller im Kühlschrank kalt stellen, das Gelee darauf verteilen und fest werden lassen.

.3]

Hummer in etwas Olivenöl mit Limettenzeste abschmecken und in der Mitte von dem Gelee mit dem Hummer und marinierten Salat zu einem Türmchen aufbauen.

.4]

Pro Teller drei kleine Nocken Kaviar mit Kerbel als Garnitur anrichten.

Wolfsbarsch mit Zitronenpolenta und weißem Tomatenschaum

Wolfsbarsch
1 l Fischfond
30 ml Olivenöl
Salz und Pfeffer aus der Mühle
1 Zitronengras
100 g Sechuanpfeffer
720 g Wolfsbarschfilet

Zitronenpolenta
0,5 l Wasser
125 g mittelfeines Polentamehl
2 EL Zitronenolivenöl
20 g Butter
Salz
Abrieb von einer Zitrone

Gemüse
200 g Puntarelle
80 g Kokosnussraspel
100 ml Balsamdressing
4 Cocktailtomaten
Salz und Pfeffer
2 Blatt Basilikum
1 Knoblauchzehe
1/2 Zweig Rosmarin
1 rote Zwiebel
Zitronenthymian
Olivenöl

Weißer Tomatenschaum
1 kg vollreife Tomaten
8 Basilikumblätter
1 EL Balsamessig
2 Tropfen Tabasco
Salz
Chayennepfeffer
30 g Olivenöl
10 g eiskalte Butter

.1]

Den Fischfond mit den Würzzutaten zum Kochen bringen. In einem Topf mit Siebeinsatz und gut verschließbarem Deckel den gewürzten Wolfbarsch zirka fünf Minuten über dem Sechuanpfeffersud dämpfen.

.2]

Die Puntarelle mit den Kokosraspeln und mit dem Balsamdressing marinieren. Die Cocktailtomaten blanchieren. Mit Salz, Pfeffer, Basilikum, Knoblauch und Rosmarin marinieren und im Ofen bei zirka 65 Grad trocknen. Die rote Zwiebel schälen, mit Olivenöl einreiben, salzen, pfeffern und den Zitronenthymian dazugeben. In Alufolie einschlagen, dann im Ofen auf Salz zirka 45 Minuten bei 165 Grad garen. Vierteln, leicht nachwürzen und auffächern.

.3]

Für die Zitronenpolenta dem kochenden Wasser das Öl und Salz beifügen, das Polentamehl einrühren, zeitweise umrühren und zirka 1 Stunde köcheln lassen. Zum Schluss die Butter und den Zitronenabrieb unterheben.

.4]

Den Wolfsbarsch auf dem Gemüse anrichten und die Zitronenpolenta extra servieren.

.5]

Die Tomaten, Basilikum, Balsamessig, Tabasco, Salz und Pfeffer zusammen mixen, über Nacht in einem Tuch abtropfen lassen. Die abgetropfte Menge leicht erhitzen, würzen, mit dem Olivenöl und der eiskalten Butter schaumig aufschlagen.

Rochenflügel auf Babyspinat mit Kalbskopf-Radieschen-Dressing

Dressing
10 g Schnittlauch
20 ml Obstessig
30 ml Consommé
120 ml Sonnenblumenöl
Salz und Pfeffer aus der Mühle
1 Schalotte, fein geschnitten
1 TL Dijonsenf
Zucker und Muskatnuss
80 g Kalbskopfterrine, in Würfel geschnitten
(Rezept siehe Kalbskopf, Seite 40-41)
6 Radieschen

Rochenflügel
4 Stück geputzte Rochenflügel zu je 150 Gramm
40 g Mie de pain
Salz und Pfeffer aus der Mühle
50 ml Minzöl

Außerdem
200 g Babyspinat
Salz und Pfeffer

Rochenflügel

.1]

Für das Dressing alle Zutaten vermischen, außer den in Würfel geschnittenen Kalbskopf und die in Julienne geschnittenen Radieschen. Diese dann zum Schluss unterheben und mit frisch geschnittenem Schnittlauch verfeinern. Lauwarm servieren, damit der Kalbskopf nicht zu hart ist.

.2]

Den Rochenflügel putzen, würzen und in Mie de pain wälzen. Dann in Minzöl von beiden Seiten goldbraun anbraten und unter dem Salamander oder im Ofen fertig garen.

.3]

Den Babyspinat roh mit Salz und Pfeffer würzen und den gebratenen Rochenflügel darauf anrichten. Das lauwarme Dressing mit dem Kalbskopf darüber geben.

Muschelfond
90 ml Olivenöl
200 g Venusmuscheln
200 g Miesmuscheln
1 Tomate
1 Frühlingszwiebel
2 Knoblauchzehen
1/2 Zitronengras
1 Zweig Zitronenthymian
100 ml Weißwein
30 g Petersilienstängel

Kräuterfond
100 ml Fischfond
800 g fertiges Kartoffelpüree
Petersilie, Dill, Estragon, Kerbel und Basilikum
10 g Spinatmatte
50 ml Muschelfond

Schwarze Olivenkruste
300 g Mie de pain
300 g schwarze Oliven
2 Eier
Salz und Pfeffer

Außerdem
640 g Wildlachs
160 g geputzte Calamaretti
2 EL Olivenöl
Salz und Pfeffer

Lachs in Olivenkruste auf Kräuterfond mit Calamaretti-Spillo

.1]

Für den Fond die Muscheln gut wässern und sauber putzen. In einem weiten Topf das Öl erhitzen und die Muscheln und das Gemüse anschwitzen, mit dem Weißwein ablöschen und zugedeckt garen lassen, bis die Muscheln offen sind. Den Fond abgießen, durch ein sehr feines Sieb passieren und warm stellen. Die Muscheln ausbrechen.

.2]

Die geputzten Calamaretti-Spillo in einer Pfanne mit heißem Olivenöl kurz durchschwenken und mit Salz und Pfeffer würzen.

.3]

Für die Olivenkruste das Mie de pain mit den entkernten schwarzen Oliven (die über Nacht bei 60 Grad im Hold-o-Mat getrocknet wurden) fein mixen. Den Lachs in vier gleich große Stücke schneiden und in den verquirlten Eiern wenden. Dann mit den Oliven-Brotbröseln panieren und in einer Pfanne von allen Seiten kurz anbraten. Bei 90 Grad im Hold-o-Mat zirka 7–8 Minuten fertig garen.

.4]

Für den Kräuterfond den Muschel- und Fischfond mit dem Kartoffelpüree zur gewünschten Konsistenz binden. Die Kräuter in Salzwasser blanchieren und sofort in Eiswasser auskühlen lassen. Vor dem Servieren unter den Kartoffel-Fischfond mixen und noch einmal passieren. Dann mit der grünen Spinatmatte einfärben. Mit Salz, Pfeffer und eventuell mit etwas Zitronensaft abschmecken.

Lachs

Sankt-Peters-Fisch in Zitronenblätteröl pochiert

.1]

Für den Sankt-Peters-Fisch alle Zutaten, außer den Lorbeerblättern und dem Salz, mit dem Olivenöl langsam auf 80 Grad erhitzen. Die Fischfilets mit den Lorbeerblättern spicken, mit Himalajasalz würzen und in das Olivenöl einlegen. Für ungefähr 15 Minuten pochieren, dann herausnehmen, auf einem Küchenkrepp abtropfen und warm stellen.

Fisch
vier Filets vom Sankt-Peters-Fisch zu je 140 g
1 l mildes, kalt gepresstes Olivenöl
5 Zitronenblätter
10 weiße Pfefferkörner
4 Lorbeerblätter
1 Zweig Rosmarin
1 Zweig Zitronenthymian
Himalajasalz aus der Mühle

Gemüse
2 Zitronen
1 EL Zucker
200 g Agretto
100 g La-Rate-Kartoffeln
12 Kapernfrüchte
Salz und Pfeffer
Olivenöl

Zitronenfond
80 g Lauch, in Streifen geschnitten
5 Schalotten
Salz nach Geschmack
50 ml Noilly-Prat
150 ml Champagner
100 ml stark reduzierten Fischfond
10 grüne zerdrückte Pfefferkörner
10 g Zucker
80 ml Zitronensaft
50 g Butterflocken
Abrieb von zwei Zitronen
60 ml kalt gepresstes Olivenöl, möglichst aus der Toskana

.2]

Für das Gemüse die Zitronen in Scheiben schneiden und mit den halbierten Kapernfrüchten und einem Esslöffel Zucker karamellisieren. Die La-Rate-Kartoffeln in rohem Zustand in längliche Scheiben schneiden, würzen und in Samenöl goldgelb braten. Den Agretto in Salzwasser kurz blanchieren, mit Salz und wenig schwarzem Pfeffer würzen und mit Olivenöl durchschwenken.

.3]

Für den Zitronenfond Lauch und Schalotten fein schneiden, in Olivenöl anschwitzen und würzen. Mit Noilly-Prat und Champagner ablöschen und auf ein Drittel reduzieren lassen. Fischfond und Pfefferkörner dazugeben, aufkochen und zirka 15 Minuten ziehen lassen. Den Zucker à part karamellisieren, mit dem Zitronensaft löschen und eindicken. Den Fond passieren und mit dem Zitronenkaramell, dem Zitronenabrieb, Butterflocken, sowie mit dem Olivenöl verfeinern.

.4]

Den Sankt-Peters-Fisch auf das Gemüse setzen und mit dem Zitronenfond servieren.

Geschmorter Oktopus
1 geviertelte weiße Zwiebel
1 Knoblauchzehe
1 Lorbeerblatt
10 weiße Pfefferkörner
100 ml Weißwein
1 l Wasser
7 Weißweinkorken
500 g küchenfertiger Oktopus
weiße Sellerieblätter
Korianderblätter
Dill

Olivenpesto
50 g Taggiasche Oliven
15 Basilikumblätter
15 Petersilienblätter
1 Knoblauchzehe
10 g Kapern aus der Salzlake
130 ml Olivenöl
Salz und weißer Pfeffer aus der Mühle

Risini-Bohnen
200 g Risini-Bohnen
3 l Wasser
9 EL Olivenöl
1 Zwiebel
2 Knoblauchzehen
1 Stange Staudensellerie
2 Lorbeerblätter
1 Thymianzweig
halber Zweig Rosmarin
Salz nach Geschmack
1 EL alter Balsamessig
etwas sehr gutes, kalt gepresstes Olivenöl

Ofentomaten
4 schöne, reife Tomaten
2–3 Knoblauchzehen
Olivenöl
Salz und Pfeffer aus der Mühle
etwas Zucker
2 Zweige Rosmarin
3 Zweige Thymian
2 Basilikumblätter

Außerdem
4 geputzte Rotbarben

Rotbarbe auf Risini-Bohnen und geschmortem Oktopus

.1]

Für die Ofentomaten die Tomaten in kochendem Wasser blanchieren, häuten, vierteln und entkernen. Dabei von den Stängelansätzen befreien. Ein großes Blech mit einer halbierten Knoblauchzehe und wenig Öl einreiben. Mit Salz, Pfeffer und einer Prise Zucker bestreuen, die Tomatenviertel dicht nebeneinander darauf legen. Die übrigen Knoblauchzehen in dünne Scheiben schneiden und mit den kalt abgebrausten, trocken getupften und grob zerpflückten Kräutern über die Tomaten streuen. Mit dem Öl beträufeln und die Tomaten bei 50 Grad im Backofen mindestens fünf Stunden trocknen lassen.

.2]

Für den Oktopus Zwiebeln, Knoblauchzehen, Lorbeerblatt, Pfefferkörner und Weißweinkorken mit dem Wasser in einen Topf geben. Die Korken sorgen dafür, dass der Oktopus schön zart wird. Alles salzen und zum Kochen bringen. Den Oktopus zirka zwei bis drei Stunden weich kochen, dann im Fond auskühlen lassen, in Stücke schneiden und in wenig Olivenöl mit den gehackten Kräutern (Sellerie, Dill, Koriander) und etwas Fischfond erwärmen bzw. warm halten.

.3]

Für das Olivenpesto alle Zutaten im Mörser zerstoßen und mit Salz und Pfeffer würzen.

.4]

Die Risini-Bohnen mit Wasser bedeckt über Nacht einweichen. Am nächsten Tag mit drei Litern Wasser, den ganzen Gewürzen und dem Gemüse aufsetzen und bei sehr kleiner Hitze rund drei Stunden weich kochen. Würzen, einen Teil der Bohnen herausnehmen und auf die Seite stellen. Den Rest der Bohnen mit dem passierten Kochfond zur gewünschten Konsistenz aufmixen. Einige Tropfen kalt gepresstes Olivenöl beimengen und mit altem Balsamessig verfeinern. Die restlichen, ganzen Bohnen dazugeben.

.5]

Die Rotbarben so filettieren, dass sie bei den Schwanzflossen zusammenhängen. Mit dem Olivenpesto einstreichen, mit Ofentomaten füllen, von beiden Seiten bei mäßiger Hitze anbraten und im Ofen bei 160 Grad drei bis vier Minuten fertig garen.

Risotto mit Rotwein und Scampi-Zitronengras-Spieß

Rotweinreduktion
250 ml Portwein
50 ml Rotwein
1 Lorbeerblatt
1 Schalotte

Risotto
25 g Schalotten, fein geschnitten
25 ml Olivenöl
280 g Carnaroli-Reis
100 ml Rotweinreduktion
1,2 l Geflügelbrühe
80 g Butter
30 g grüner Apfel, in kleine Würfel geschnitten

Scampi-Zitronengras-Spieße
12 geputzte Scampi
2 Stangen Zitronengras, halbiert
25 ml Olivenöl
Salz und Pfeffer aus der Mühle

.1]

Den Rotwein mit dem Portwein, der geschnittenen Schalotte und dem Lorbeerblatt auf zirka 1/3 einkochen lassen.

.2]

Für den Risotto die Schalotten fein schneiden und im Olivenöl anschwitzen. Reis dazugeben und mit der Rotweinreduktion ablöschen. Nach und nach mit der heißen Geflügelbrühe aufgießen und unter ständigem Rühren fertig garen. Vor der Fertigstellung des Risottos die Butterflocken einarbeiten, mit Salz und Pfeffer abschmecken und die Apfelwürfel unterheben.

.3]

Mit Zitronengras vier Scampispießchen zubereiten, würzen und in Olivenöl anbraten. Risotto auf die Teller verteilen und mit den Scampispießen servieren.

Risotto

Tipp

Dieser Risotto braucht bei der Garung etwas länger, da durch die Rotweinreduktion sehr viel Säure enthalten ist.

Bärlauchrisotto mit gebratenen Froschschenkeln

.1]

Für die Bärlauchbutter den Bärlauch und die Petersilie unter fließendem Wasser gut waschen, dann für einige Minuten in leicht gesalzenes, kochendes Wasser geben. Herausnehmen und sofort für einige Minuten in Eiswasser geben, damit die Farbe erhalten bleibt. Die Butter auf Zimmertemperatur erwärmen und im Mixer mit dem Bärlauch und der Petersilie vermischen.

Risotto
2 EL Olivenöl
3 Schalotten
300 g Carnaroli-Reis
1,3 l Geflügelbrühe
30 g Bärlauchbutter
30 g Parmesan
Salz und Pfeffer aus der Mühle

Bärlauchbutter
(Rezept für größere Menge als benötigt)
300 g geputzter und blanchierter Bärlauch
100 g Petersilie
400 g Butter

Außerdem
20 Froschschenkel
50 g Butter

.2]

Für den Risotto fein geschnittene Schalotten in Olivenöl anschwitzen, den Reis dazugeben und glasig werden lassen. Nach und nach den Geflügelfond dazugeben und unter Rühren fertig garen. Die Bärlauchbutter und den Parmesan unterheben, mit Salz und Pfeffer abschmecken.

.3]

Die Froschschenkel mit Salz und Pfeffer würzen und in einer Pfanne mit Olivenöl scharf anbraten. Etwas Butter beifügen und damit fertig braten.

[*Tipp*

Bärlauchbutter kann auch ruhig in größeren Mengen vorbereitet werden und im Kühlschrank oder Tiefkühler aufbewahrt werden. Sie eignet sich hervorragend für Cremesuppen, für Fonds zu Fisch oder zur Verfeinerung von Polenta.

Risotto mit Schnittlauch, Chorizo und Drachenkopf

25 ml Olivenöl
20 g fein geschnittene Schalotten
280 g Carnaroli-Reis
100 ml Weißwein
1,3 l Geflügelfond
60 g Chorizos, in Streifen geschnitten
40 g Butter
25 g fein geschnittener Schnittlauch
30 g Parmesan
40 g Schnittlauchbutter

Außerdem
240 g Drachenkopf
Salz und weißer Pfeffer aus der Mühle
Olivenöl zum Braten

.1]

Für die Schnittlauchbutter zirka 50 g geschnittenen, blanchierten Schnittlauch mit 40 g schaumiger Butter mixen und kalt stellen.

.2]

Die fein geschnittenen Schalotten in Olivenöl anschwitzen, den Reis dazugeben mit Weißwein ablöschen, nach und nach mit der heißen Geflügelbrühe aufgießen und unter ständigem Rühren fertig kochen. Vor der Fertigstellung den Risotto in zwei Hälften teilen. Eine Hälfte wird mit der weißen Butter, der Hälfte der geschnittenen Chorizos und dem geschnittenen Schnittlauch fertig gestellt. Die zweite Hälfte mit der grünen Schnittlauchbutter, der anderen Hälfte der Chorizos und dem Parmesan fertig stellen.

.3]

Den Drachenkopf in gleich große Stücke schneiden, mit Salz und Pfeffer würzen und in Olivenöl anbraten. Dann im Rohr bei 160 Grad acht Minuten fertig garen. Beide Risotti auf dem Teller nebeneinander anrichten und den gebratenen Drachenkopf daneben setzen.

Tortelli mit Baccalà und Erbsen

.1]

Den Baccalà in einen Topf geben. Milch und Sahne dazugießen, ebenfalls die Kräuter und die Schalotte. Mit Salz und Pfeffer würzen und bei kleiner Hitze zirka 40 Minuten leicht köcheln lassen. Den Baccalà aus der Flüssigkeit nehmen, mit den Fingern zerdrücken und in die Moulinette geben. Den passierten Fond auf die Hälfte einkochen und den Baccalà darin aufmixen. Dann langsam das kalt gepresste Olivenöl im Mixer einarbeiten.

Füllung
250 g Baccalà, gewässert und geputzt
100 ml Milch
100 ml Sahne
1 Lorbeerblatt
1 Thymianzweig
10 g gehackte Petersilie
1 Schalotte, in Scheiben geschnitten
10 schwarze Pfefferkörner
100 ml kalt gepresstes Olivenöl
Salz und Pfeffer aus der Mühle
Nudelteig Grundrezept

Fischsauce
200 ml Fischfond
1 Schalotte
20 g geriebene Kartoffel
50 ml kalt gepresstes Olivenöl

Außerdem
100 g Erbsen
etwas Butter

.2]

Tortelli mit dieser Füllung herstellen und dann in leicht gesalzenem, siedendem Wasser zirka fünf Minuten gar ziehen lassen.

.3]

Für die Sauce den Fischfond mit den in Scheiben geschnittenen Schalotten und den geriebenen Kartoffeln einkochen. In der Moulinette mixen, langsam das Olivenöl dazugeben und mit Salz und Pfeffer abschmecken.

.4]

Die Erbsen blanchieren, in Eiswasser geben, schälen und in etwas Butter schwenken. Darauf die Tortelli anrichten und mit der Sauce verfeinern.

Tortelli

Füllung der Fagottini
50 g weißer Fisch
50 g frische Sahne
70 g gekochte Rote Beete, in feine Würfel geschnitten
Salz und Pfeffer aus der Mühle
Teig wie bei Tagliolini
(Rezept siehe Tagliolini mit Kohlrabi und Trüffel, Seite 150–151)

Jakobsmuscheln
12 frische Jakobsmuscheln
Öl
Salz und Pfeffer
50 ml Fischfond
30 g Butter
Sellerieblätter, Kerbel und Estragon, fein gehackt

Außerdem
30 g schwarzer Trüffel
Kerbel

Topinamburfond
30 g Butter
100 g Schalotten
100 g geputzter Topinambur
100 ml trockener Weißwein
1 Lorbeerblatt
1 Thymianzweig
1 l Geflügelfond
Salz und Pfeffer

Fagottini mit Jakobsmuscheln, schwarzem Trüffel und Topinamburfond

.1]

Für die Füllung den Fisch mit etwas Sahne mixen, zu einer glatten Farce verarbeiten und sofort auf Eis stellen. Die Rote Beete unterheben. Mit Salz und Pfeffer abschmecken.

.2]

Für den Fagottiniteig dieselbe Rezeptur nehmen wie für die Tagliolini. Dünn ausrollen und kleine Quadrate von zirka drei Zentimetern formen. Die Füllung (je 5–6 g) darauf verteilen, den Teig leicht anfeuchten und die vier Spitzen zusammendrücken. In leicht gesalzenem Wasser garziehen lassen.

Fagottini

.3]

Für den Topinamburfond die Schalotten mit etwas Butter anschwitzen. Topinambur beifügen und mit dem Weißwein ablöschen. Mit den restlichen Zutaten zirka eine Stunde weich kochen. Den Fond abschütten, aber aufbewahren. Topinambur mixen, durch ein Sieb passieren und mit dem Fond zur gewünschten Konsistenz verlängern.

.4]

Die Jakobsmuscheln in Olivenöl scharf von beiden Seiten anbraten. Dann aus der Pfanne nehmen und warm stellen. Den Bratensatz mit dem Fischfond löschen und etwas einkochen lassen, mit der Butter binden und die frisch gehackten Kräuter dazugeben, dann die Jakobsmuscheln darin warm stellen.

.5]

Auf die Teller etwas Topinamburfond verteilen, dann die Jakobsmuscheln und die Fagottini anrichten. Vor dem Servieren den Trüffel darüber hobeln und mit Kräutern garnieren.

Tortelli mit Hummer auf Zolfino-Bohnen und Babyspinat

Tortelli-Füllung
40 g Couscous
100 ml Hummerbisque
150 g Hummer, in Würfel geschnitten
30 g Fischfarce
3 Blatt gehackter Estragon
Salz und Pfeffer aus der Mühle
Teig wie bei den Tagliolini
(Rezept siehe Tagliolini mit Kohlrabi und Trüffel Seite 150–151)

Sauce
100 g Zolfino Bohnen
(12 Stunden eingeweicht)
400 ml Wasser
100 ml kalt gepresstes Olivenöl
1 Schalotte
1 Zweig Bohnenkraut
2 Blatt Salbei
einige Safranfäden

Außerdem
30 g Babyspinat

Tortelli

.1]

Das Couscous mit der Hummerbisque zirka vier Minuten köcheln lassen, mit Salz und Pfeffer würzen und erkalten lassen. Mit der Fischfarce, dem Estragon und dem geschnittenen Hummer gut vermischen.

.2]

Für die Tortelli den Teig ausrollen. Mit der Füllung belegen, den Teig leicht mit etwas Wasser anfeuchten, eine zweite Nudelplatte darauf geben und als Tortelli ausstechen. In leicht gesalzenem Wasser einige Minuten garziehen lassen.

.3]

Die Zolfinobohnen 12 Stunden einweichen. Abschütten und mit dem Wasser, dem Öl, den Kräutern und der klein geschnittenen Schalotte in einen hohen Topf geben und zirka drei Stunden bei geringer Hitze köcheln lassen. Dann abschütten und den Fond im Mixer mit zirka 30 g gekochten Bohnen mixen. Die restlichen Bohnen damit vor dem Servieren marinieren, erwärmen und einige Safranfäden dazugeben. Einige geputzte und gewaschene Spinatblätter beimengen und mit den Tortelli servieren.

Kichererbsen-Tagliatelle mit Roquefort und Nüssen

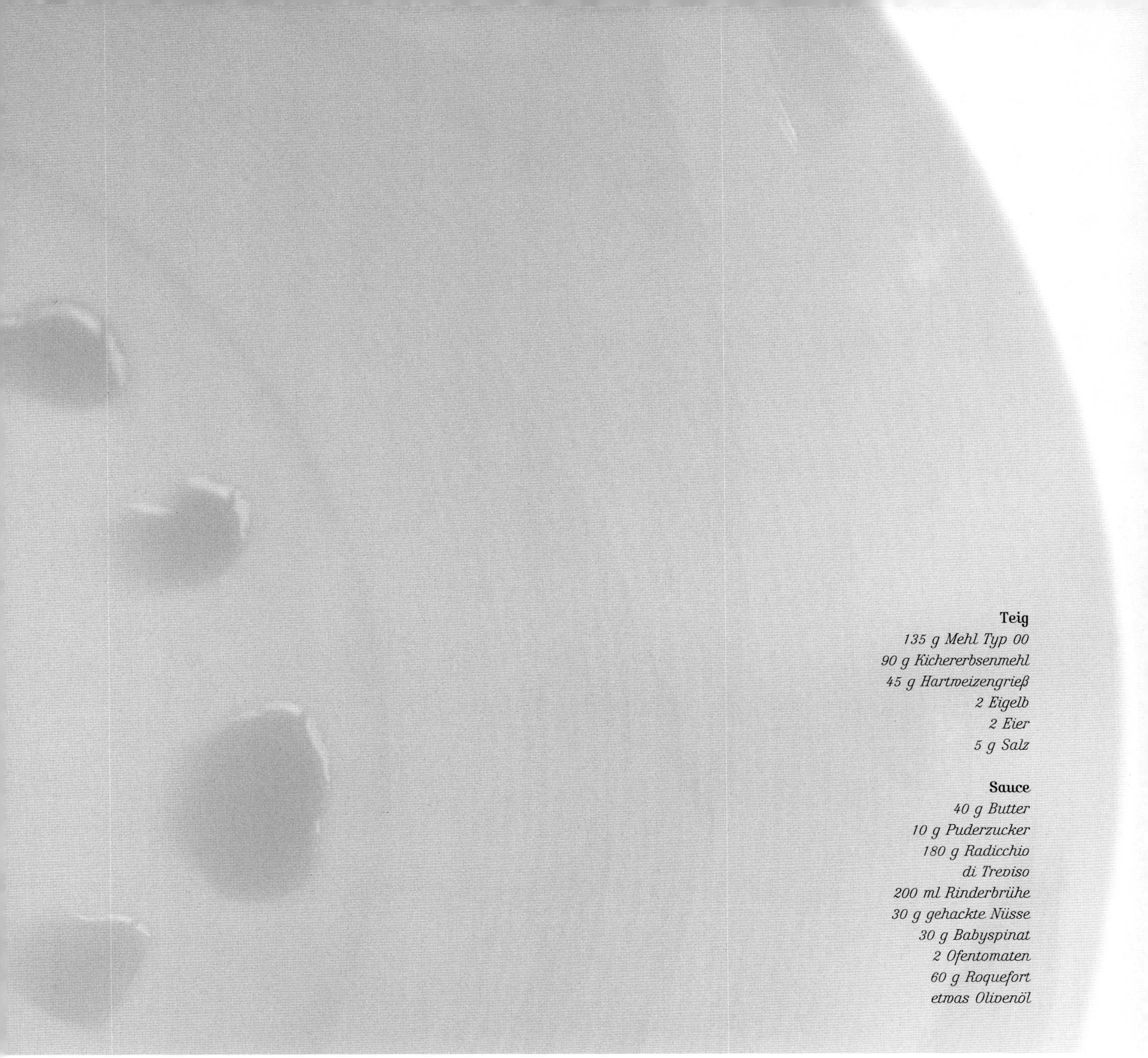

Teig
135 g Mehl Typ 00
90 g Kichererbsenmehl
45 g Hartweizengrieß
2 Eigelb
2 Eier
5 g Salz

Sauce
40 g Butter
10 g Puderzucker
180 g Radicchio di Treviso
200 ml Rinderbrühe
30 g gehackte Nüsse
30 g Babyspinat
2 Ofentomaten
60 g Roquefort
etwas Olivenöl

.1]

Für die Tagliatelle alle Mehlarten zusammenmischen und einen Turm formen. In eine kleine Mulde die Eier, die Eigelb und das Salz geben, gut verkneten und zirka 30 Minuten rasten lassen. Ausrollen und in Tagliatelle schneiden.

.2]

Für die Sauce zunächst die Hälfte der Butter zerlaufen lassen, Puderzucker beifügen, den in Stücke gezupften Radicchio dazugeben und etwas schmoren. Mit der Brühe aufgießen, einreduzieren und mit der restlichen Butter die Sauce binden.

.3]

Die gekochten Tagliatelle dazugeben, durchschwenken und die Nüsse, den Babyspinat und die gewürfelten Ofentomaten dazugeben. Vor dem Servieren noch den in Würfel geschnittenen Roquefort unterheben. Mit einigen Tropfen sehr gutem Olivenöl (vorzugsweise von Alex Nember) parfümieren.

Tagliatelle

Tagliolini mit Kohlrabi und schwarzem Trüffel

Nudelteig
135 g Mehl Typ 00
135 g Hartweizengrieß
2 Eigelb
2 Eier
4 g Salz

Außerdem
150 g Kohlrabi, in Julienne geschnitten
200 ml Rinderconsommé
80 g Butter
100 g Rucola, in Julienne geschnitten
30 g Parmesankäse
20 g schwarzer Trüffel, in Streifen geschnitten
50 ml Rotweinsauce
20 g Gänseleberterrine

.1]

Für die Tagliolini das Mehl und den Hartweizengrieß versieben, die Eier und das Salz dazugeben und alles zu einem Teig verkneten. Den Teig in Folie wickeln und zwei Stunden rasten lassen. Mit der Nudelmaschine ausrollen und Tagliolini schneiden. In leicht gesalzenem Wasser al dente kochen.

.2]

Die Rinderconsommé auf ein Drittel reduzieren, die Kohlrabistreifen dazugeben, weich dünsten und mit der kalten Butter binden. Die al dente gekochten Tagliolini dazugeben und alles durchschwenken. Mit dem Parmesan verfeinern und den schwarzen Trüffel beimengen. Beim Anrichten die fein geschnittenen Rucolastreifen darauf geben und mit einigen Tropfen Rotweinsauce, die mit der Gänseleberterrine aufgeschäumt wurde, garnieren.

Tagliolini

Cavatelli mit Bottarga und geräuchertem Schwertfisch

Sauce
50 ml Noilly-Prat
2 Sardellenfilets, in Öl eingelegt
1 Schalotte, in Ringe geschnitten
500 ml Fischfond
30 g geriebene Kartoffeln
100 ml kalt gepresstes Olivenöl

Außerdem
320 g Cavatelli
120 g geräucherter Schwertfisch
20 g Kapern
1 Limette
15 g gehackte Petersilie
80 g Bottarga

Cavatelli

.1]

Für die Sauce den Noilly-Prat mit den Sardellen und den Schalotten reduzieren lassen. Wenn die Flüssigkeit fast eingekocht ist, den Fischfond aufgießen und die geriebenen Kartoffeln beifügen, damit eine leichte Bindung entsteht. Wieder auf die Hälfte einkochen lassen und im Mixer mit dem Öl aufschlagen.

.2]

Die Cavatelli kochen, abschütten und in der Sauce mit dem in Würfel geschnittenen Schwertfisch, den Kapern und der Petersilie schwenken. Vor dem Servieren etwas Limetenschale darüber reiben. Anrichten und die in hauchdünne Scheiben geschnittene Bottarga darüber geben.

[*Tipp*

Bottarga sollte man sehr dünn aufschneiden, da sie sehr salzig ist.

Terrine von geräuchertem Aal und gegrillter Gänsestopfleber

(Rezept für zirka 8–10 Personen)

500 g Gänseleber, von Sehnen entfernt
jeweils 50 ml Portwein, Madeira und Brandy, auf die Hälfte reduziert
Salz, Pfeffer und etwas Zucker

7 rote Zwiebeln
400 ml roter Portwein
500 ml Geflügelfond
3 Blatt Gelatine

3 weiße Zwiebeln
30 g Butter
300 ml Geflügelfond
20 g Petersilie
3 Blatt Gelatine
Salz und Pfeffer aus der Mühle

1 Granny-Smith-Apfel
100 ml Zuckerwasser

2 Filets vom geräucherten Aal

etwas Zupfsalat
Apfelchips

.1]

Die Gänseleber von allen Sehnen entfernen und mit der Reduktion von Portwein, Madeira und Brandy marinieren. Mit Salz, Pfeffer und Zucker würzen und über Nacht im Kühlschrank ziehen lassen. Herausnehmen, abtropfen und in einer heißen Pfanne von allen Seiten ganz kurz anbraten. In eine Terrinenform pressen, gut einschweren und auskühlen lassen. Bei Gebrauch aus der Terrine nehmen und mit der Aufschnittmaschine in Platten schneiden.

.2]

Die roten Zwiebeln in Scheiben schneiden, in wenig Olivenöl anziehen lassen, würzen und mit dem Portwein und dem Geflügelfond zirka zwei Stunden in einem Topf mit Backpapier abgedeckt weich dünsten, bis die ganze Flüssigkeit einreduziert ist.

.3]

Die weißen Zwiebeln mit Butter anschwitzen, mit Geflügelfond aufgießen und kochen, bis sie weich sind. Danach die Petersilie einmixen, bis die Masse glatt und grün ist, sofort auf Eis kalt rühren und die eingeweichte und aufgelöste Gelatine beifügen.

.4]

Scheiben von grünem Apfel mit dem Zuckerwasser vakuumieren und im siedenden Wasser für 3 Minuten blanchieren.

.5]

Die Terrine mit Klarsichtfolie auslegen und die Apfelscheiben darin einlegen. Eine Schicht rote Zwiebeln einstreichen, darüber eine Platte von der Gänseleber, das Petersilien-Zwiebeln-Mousse, gezupfte Aalfilets schichten. Die letzten zwei Schritte wiederholen. Abschließend wieder mit der roten Zwiebel und den restlichen Apfelscheiben abdecken und kalt stellen. Stürzen und mit einem elektrischen Messer schneiden.

.6]

Den Zupfsalat mit Balsamessig, Salz und Pfeffer würzen und mit einer Scheibe von der Terrine und den Apfelchips anrichten.

.7]

Für die Apfelchips schneidet man einen Granny-Smith-Apfel in hauchdünne Scheiben. Durch Läuterzucker ziehen und auf einer Silpat-Matte bei 50 Grad über Nacht trocknen lassen.

Variationen von Gänsestopfleber

Variationen von Gänsestopfleber

.1]

Creme Brûlé mit Babyspinat und gebratener Gänseleber

225 ml frische Sahne
2 Eidotter
Salz und Pfeffer aus der Mühle
Kardamom aus der Mühle
40 g Apfelmus
1 EL reduzierter Apfelsaft
1 EL weißer, reduzierter Balsamessig

25 g brauner Zucker

80 g geputzter Babymangold
1 EL Butter

100 g frische Gänsestopfleber
Salz und weißer Pfeffer aus der Mühle
Mehl zum Bestäuben der Gänseleber
Öl zum Braten
Lavendelblätter zum Garnieren

Einen 1/2 Liter frischen Apfelsaft einreduzieren, bis er eine sirupartige Konsistenz hat. Denselben Vorgang mit 1/2 l weißem Balsamessig wiederholen. Alle Zutaten vermischen und in vier kleine Schüsseln füllen. Mit Klarsichtfolie gut abdecken und bei 140 Grad im Wasserbad für zirka 35 bis 40 Minuten pochieren. Herausnehmen, die Folie entfernen und kalt stellen. Die Creme Brûlé mit dem braunen Zucker leicht bestreuen und abflämmen.

Mangold mit etwas Butter sautieren, leicht mit Salz und Pfeffer würzen und auf der Creme Brûlè anrichten.

Die Gänseleber würzen und leicht mit Mehl bestäuben, in einer Bratpfanne heiß von beiden Seiten anbraten und im vorgeheizten Ofen bei 120 Grad zirka drei Minuten garen. Gänseleber auf den Mangold legen und mit Lavendelblättern garnieren.

.2]

Gänseleberterrine mit Cannellinipüree

1 kg Gänseleber geputzt
1,5 l Frischmilch
150 g Zucker
7 g Salz
7 g Pökelsalz
1 Messerspitze gemahlener weißer Pfeffer
1 EL reduzierter roter Portwein
1 EL reduzierter weißer Portwein
1 TL reduzierter Madeira
1 TL Cognac

Cannellinipüree
150 g Cannellinibohnen
800 ml Wasser
1 Lorbeerblatt
1 EL geschlagene Sahne
50 ml Olivenöl

Die in Würfel geschnittene, geputzte Gänseleber für zirka 24 Stunden in die gezuckerte Milch einlegen. Die Leber aus der Milch nehmen, abtropfen und mit der Salz-Pfeffer-Mischung würzen. Die Reduktionen (Portwein, Madeira) und den Cognac darüber geben und gut vermischen. Wieder 12 Stunden marinieren lassen. Die marinierte Gänseleber in eine Terrinenform pressen, abdecken und mit Klarsichtfolie einschlagen. Dann bei 140 Grad im Wasserbad zirka 40 Minuten pochieren. Herausnehmen und zirka sechs Stunden kalt stellen, dann stürzen und in Scheiben schneiden.

Für das Cannellinipürree die Bohnen in leicht gesalzenem Wasser mit dem Lorbeerblatt weich kochen. Passieren, mixen und mit der Sahne und dem Olivenöl glattrühren.

.3]

Geräucherte Gänseleber auf Couscous mit grünem Tomaten-Chutney und Sesamkrokant

Gänseleber
400 g frische Gänseleber
1/2 l Süßwein
1/2 Zimtstange
15 Nelken
10 Sultaninen
10 ml Portwein
10 ml Cognac
Salz und weißer Pfeffer aus der Mühle
Räuchermehl zum Räuchern

Couscous
50 g Couscous
40 ml reduzierter Orangensaft
50 ml Rinderbrühe
30 g gemischtes Dörrobst
1 Blatt frische Minze
Salz und Pfeffer aus der Mühle

Tomaten-Chutney
500 g grüne Tomaten
1 l Weißweinessig
500 g Zucker
1/2 Zimtstange
5 Nelken
1 Sternanis
1 Knoblauchzehe
50 g Ingwer
5 gestoßene schwarze Pfefferkörner

Sesam-Krokant
50 g Sesam
20 g Mohn
20 g Butter
100 g Honig
10 g Zitronensaft
10 g Zucker

Die Gänseleber mit den gesamten Zutaten zirka 48 Stunden marinieren lassen. Aus der Marinade nehmen, gut abtropfen und zirka fünf Minuten kalt räuchern.

Das Couscous in eine Schüssel geben, die heiße Rinderbrühe und den Orangensaft darüber gießen und fünf Minuten quellen lassen. Das in feine Würfel geschnittene Dörrobst darunter heben, leicht würzen und die fein geschnittene Minze beifügen.

Für das Tomaten-Chutney die grünen Tomaten mit einer Gabel mehrmals einstechen, in einen hohen schmalen Topf geben und mit Weißweinessig übergießen und 24 Stunden ziehen lassen. Die Tomaten halbieren und mit den restlichen Zutaten zirka 12 Stunden einköcheln lassen.

Für die Sesamhippe alle Zutaten zu einem glatten Teig vermischen, auf eine Silpat-Matte aufstreichen. Ofen auf 180 Grad vorheizen und 5–6 Minuten goldgelb backen.

Zum Anrichten die Gänseleber in dünne Scheiben schneiden, auf dem Couscous anrichten und mit dem Chutney garnieren. Sesamhippe dazu reichen.

.4]

Gänselebertorte

200 g Gänseleber-mousse
200 g Duxelles-Masse
5 Crepes
30 g reduzierter Kalbsfond

Gänselebermousse
150 g Gänseleberterrine (siehe Rezept Gänseleberterrine) mit 50 g steif geschlagener Sahne und 2 EL Süßwein vermischen.

Duxelles-Masse
2 EL Olivenöl
50 g fein geschnittene Schalotten
200 g fein geschnittene Champignons
150 ml Kalbsfond
Salz und Pfeffer aus der Mühle
1 EL fein gehackte Petersilie

Crepes
190 ml Milch
75 g Mehl
1 Ei
2 Eidotter
30 g zerlassene Butter
Butter zum Ausbacken

Für die Duxelles-Masse die Schalotten in Olivenöl anschwitzen, die Champignons dazugeben und mit dem Kalbsfond aufgießen. Einreduzieren, abschmecken und die gehackte Petersilie dazugeben.

Für die Crepes alle Zutaten zu einem glatten Teig verrühren und in einer kleinen Teflonpfanne dünne Pfannkuchen backen.

Für die Zubereitung der Torte alle Zutaten in dünnen Schichten übereinander legen. Dabei mit einer Crepe beginnen und abschließen, kühl stellen und vor dem Servieren in Tortenstücke schneiden.

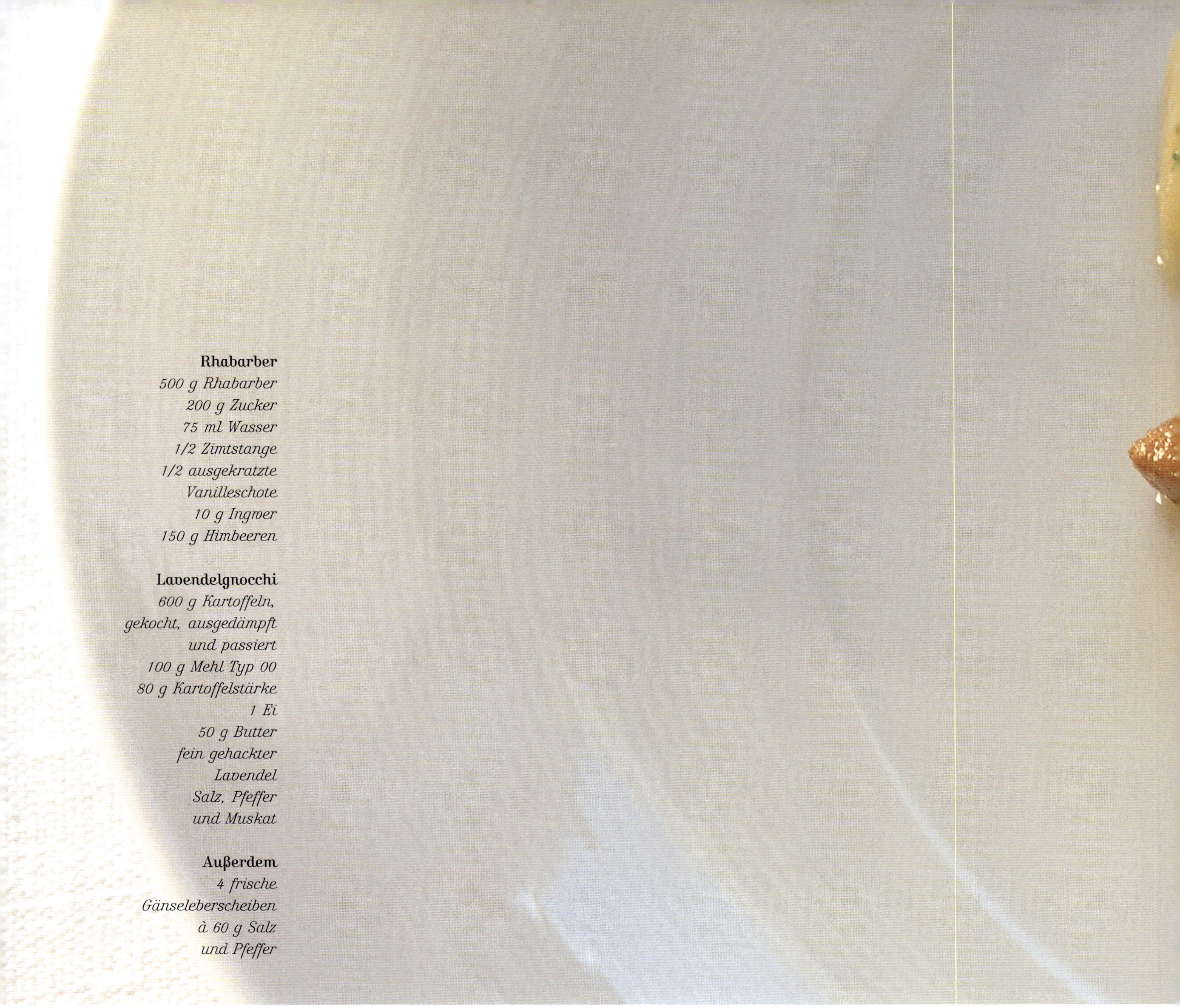

Rhabarber
500 g Rhabarber
200 g Zucker
75 ml Wasser
1/2 Zimtstange
1/2 ausgekratzte Vanilleschote
10 g Ingwer
150 g Himbeeren

Lavendelgnocchi
600 g Kartoffeln, gekocht, ausgedämpft und passiert
100 g Mehl Typ 00
80 g Kartoffelstärke
1 Ei
50 g Butter
fein gehackter Lavendel
Salz, Pfeffer und Muskat

Außerdem
4 frische Gänseleberscheiben à 60 g Salz und Pfeffer

Gänseleber mit Rhabarber und Lavendelgnocchi

.1]

Den Rhabarber gut waschen, in Rauten schneiden und in eine tiefe Auflaufform geben. Den Zucker mit dem Wasser aufkochen, mit den restlichen Zutaten übergießen und bei 160 Grad im Ofen zugedeckt zirka 20 Minuten ziehen lassen. Die Flüssigkeit abgießen und einreduzieren lassen und zum Nappieren des Rhabarbers verwenden.

.2]

Für die Lavendelgnocchi alle Zutaten, außer der Butter und dem Lavendel, vermischen. Butter schmelzen und nun zusammen mit dem Lavendel dazugeben. Gnocchi formen und in gesalzenem Wasser sieden, bis sie von allein an die Oberfläche kommen. In Eiswasser schocken und kurz vor dem Servieren erhitzen, dann in leicht nussiger Butter schwenken.

.3]

Die Gänseleber mit Salz und Pfeffer würzen, von beiden Seiten gut anbraten und im Ofen bei zirka 160 Grad 2 Minuten garen.

.4]

Gnocchi und Rhabarber auf dem Teller verteilen und die Gänseleber darauf anrichten.

Gänseleber

Bressetauben mit Sesamblätterteig und Sommergemüse

Sesamblätterteig
Teig I
150 ml Wasser
10 g Salz
300 g Mehl
12 g Butter

Teig II
375 g Butter
75 g Mehl
200 g Sesam, leicht geröstet

Sauce
etwas Olivenöl
Karkassen von zwei Tauben
50 g Mirepoix
1 TL Tomatenmark
200 ml Portwein
200 ml Rotwein
250 ml Geflügeljus

Außerdem
2 Bressetauben
250 ml Sonnenblumenöl
Rosmarin, Thymian und Lorbeer
Pfeffer und Wacholderbeeren
1 Karotte
1/2 Knollensellerie
1 kleine Zucchini

Teig I

.1]

Für den Sesamblätterteig das Salz im Wasser auflösen und mit dem Mehl und der weichen Butter zu einem festen Teig kneten. Kugel formen und eine Stunde rasten lassen.

Teig II

.1]

Den gerösteten Sesam mit Mehl und Hälfte der Butter fein mixen, die restliche Butter einmengen und einen Ziegel formen, ebenfalls im Kühlschrank festwerden lassen.

.2]

Die Teigkugel kreuzförmig einschneiden und ausrollen, dann den Butterziegel in die Mitte setzen, einschlagen und ausrollen, dann wieder eine Stunde kalt stellen. Dann nochmals eine einfache und eine doppelte Tour geben, wieder eine Stunde kühl rasten lassen, damit sich der ausgerollte Teig entspannen kann. Ausrollen und bei 200 Grad knusprig backen. Auskühlen lassen und in fünf Zentimeter große Quadrate schneiden.

.3]

Für die Sauce die Taubenkeulen und die Brüste von den Karkassen lösen und beiseite legen. Karkassen von den Innereien befreien und in heißem Öl langsam rösten. Mirepoix und Tomatenmark dazugeben. Mit dem Port- und Rotwein löschen, einreduzieren und dann mit dem Geflügeljus aufgießen. Zirka 20 Minuten bei kleiner Flamme kochen lassen, passieren und dann auf die gewünschte Konsistenz einkochen lassen.

.4]

Die Keulen mit Salz und Pfeffer würzen, anbraten und in das Öl einlegen. Auf 80–90 Grad erhitzen, dann die Gewürze beifügen und so lange ziehen lassen, bis sich das Fleisch vom Knochen löst.

.5]

Für das Gemüse die Karotten, den Sellerie und die Zucchini in Würfel schneiden und blanchieren. Dann sofort in Eiswasser geben, auskühlen lassen und auf einem Küchenkrepp abtropfen.

.6]

Das Keulenfleisch mit den Gemüsewürfeln mischen und mit zwei Esslöffeln Taubensauce, Salz und Pfeffer würzen und mit gehackten Kräutern verfeinern.

.7]

Die Brüste mit Salz und Pfeffer würzen und in heißem Öl anbraten, auf einem Blech bei zirka 180 Grad fünf Minuten in den Ofen schieben, herausnehmen und rasten lassen. Vor dem Servieren die Brüste in etwas Butter mit Rosmarin nachbraten.

.8]

Blätterteigstücke in der Mitte durchteilen, mit dem Keulenfleisch und dem Gemüse füllen und die rosa gebratene Brust darauf anrichten. Mit Taubensauce verfeinern.

Capretto im Ofen gebraten mit Rosmarinspieß

.1]

Die Caprettoschulter mit Salz und Pfeffer würzen und mit einer Knoblauchzehe einreiben, danach in heißem Fett anbraten. Für zirka 35 Minuten in den auf 160 Grad vorgeheizten Ofen schieben, dann herausnehmen und 15 Minuten rasten lassen.

.2]

Für die Caprettokeule das Toastbrot entrinden und im Ofen langsam trocknen lassen, in der Moulinette mit den gehackten Kräutern mixen. Die Stücke von der Keule würzen und in den Kräuterbröseln wälzen. In zirka 160 Grad heißem Fett langsam backen, bis die Teile goldgelb sind, und dann im Ofen mit der Schulter warm stellen.

eine Zickleinschulter
2 EL Öl
2 zerdrückte Knoblauchzehen
240 g ausgelöste Zickleinkeule, in zirka 8 Stücke geschnitten
250 g Toastbrot
Rosmarin und Majoran
eine Kitzleber, in Stücke geschnitten
4 Rosmarinstängel für die Spieße
4 Kirschtomaten

Außerdem
Mangoldblätter
etwas Olivenöl
Salz und Pfeffer

Capretto

.3]

Rosmarin bis auf die Spitzen von den Nadeln befreien und abwechselnd die Kirschtomaten und die Leberstückchen aufstecken. Anbraten und 5–6 Minuten im Ofen fertig garen.

.4]

Mangold auf dem Teller anrichten, das Fleisch und die Spieße darauf geben und mit etwas Bratensaft vollständig anrichten.

Freilandhuhn mit Mostarda gespickt und im Ganzen gebraten

Füllung
50 g Putenbrust
Salz und Pfeffer aus der Mühle
100 ml Sahne
100 g Senffrüchte (Mostarada)
1 EL Mascarpone
Lorbeerblätter, Rosmarin und Thymian

Außerdem
1 Freilandhuhn (oder Bressepoularde)
5 EL Olivenöl zum Braten
200 g Mirepoix

Freilandhuhn

.1]

Für die Füllung die Putenbrust von Sehnen und Fett befreien und anschließend in möglichst kleine Stücke schneiden. Mit dem Salz und Pfeffer würzen, in eine kleine Moulinette geben und die Sahne langsam dazugeben. Zu einer glatten Farce verarbeiten. Anschließend die in feine Würfel geschnittenen Senffrüchte dazugeben, alles gut abschmecken. Mascarpone und Kräuter unterheben.

.2]

Das Freilandhuhn zuputzen und sauber ausnehmen, dann die Haut vorsichtig von der Brust trennen. Die Farce vorsichtig unter die Haut streichen, dann binden und auf beiden Keulen je 20 Minuten im 180 Grad heißen Ofen braten. Das Mirepoix dazugeben und zirka 15 Minuten auf dem Rücken fertig garen. Falls notwendig das Freilandhuhn mit Alufolie bedecken, damit es nicht zu braun wird.

Pfirsich Melba St. Hubertus

.1]

Für die Himbeergranita wird die Gelatine in kaltem Wasser eingeweicht. Den Orangensaft mit Läuterzucker erwärmen und die Gelatine darin auflösen. Himbeeren pürieren, zugeben und gemeinsam durch ein Sieb passieren. Sekt und Cointreau beigeben, in ein Gefäß füllen und tiefkühlen. Wenn die Granita gefroren ist, mit einem Löffel abschaben.

.2]

Für die Pfirsichsauce werden drei Pfirsiche blanchiert, die Haut abgezogen, entkernt und klein geschnitten. Mit etwas Zucker und Zitronensaft sowie vier Esslöffeln Wasser zugedeckt im auf 200 Grad vorgeheizten Ofen weich dünsten. Pürieren und durch ein feines Sieb streichen.

Himbeergranita
40 ml Orangensaft
25 ml Läuterzucker
125 g Himbeerpüree
30 ml Sekt
10 ml Cointreau
1/2 Blatt Gelatine

Pfirsichsauce
3 Pfirsiche, blanchiert
3 EL Zucker
Saft von einer Zitrone
4 EL Wasser

Pfirsich-Papillote
2 Pfirsiche
200 ml Läuterzucker
90 ml Prosecco
1 Vanilleschote

Außerdem
Vanilleeis
(Rezept siehe Bananensplit, Seite 212–213)

.3]

Für die Pfirsich-Papillote nimmt man Pergamentpapier, das in vier Quadrate von je 25 cm Seitenlänge geschnitten wird. Vier Stück Schnur von etwa 20 cm Länge vorbereiten. Zwei Pfirsiche kurz blanchieren, vorsichtig die Haut abziehen, halbieren und den Kern herausnehmen. Mit Läuterzucker, Prosecco und Vanilleschote weich dünsten. Dann jeweils eine Pfirsichhälfte auf jedes der vier Pergamentpapiere setzen. Die Vanilleschote vierteln und auf die Pfirsichhälften verteilen. Den Papierrand hochnehmen, so dass eine Mulde entsteht und etwas von dem Saft zugießen. Papier über den Pfirsichhälften zusammenziehen und mit der Schnur zusammenbinden. Kurz vor dem Servieren bei 220 Grad im heißen Rohr etwa 10 Minuten backen.

.4]

In die Gläser erst etwas Pfirsichsaft geben, zwei Nocken Vanilleeis darauf setzen und mit Pfirsichsauce auffüllen. Dann eine Schicht Himbeergranita einfüllen, nochmals zwei Nocken Vanilleeis darauf setzen und mit Pfirsichsauce abschließen.

Schokoladesüppchen
160 ml Milch
160 ml Sahne
125 g sehr gute Schokolade
(mindestens 70 Prozent Kakaogehalt)

Hippenmasse
1 Ei
45 g Staubzucker
45 g Mehl

Eierlikörschaum
100 ml Eierlikör
70 ml Sahne
50 ml Milch

Parfaitmasse
1 Ei
2 Eigelb
70 g Zucker
30 g Kumquats, kandiert
20 g Cointreau
250 g Sahne
35 g Pignoli, geröstet
25 g Veilchen, kandiert

Parfait von kandierten Kumquats mit Schokoladesüppchen

.1]

Für das Schokoladesüppchen die Milch und die Sahne zum Sieden bringen und über die gehackte Schokolade gießen. Die Masse glatt rühren, bis sich die Schokolade aufgelöst hat, abseihen und kalt stellen.

.2]

Für die Hippenmasse alle Zutaten glatt rühren und 12 Stunden im Kühlschrank rasten lassen.

Parfait

.3]

Für den Eierlikörschaum alle Zutaten zusammenmischen und mit einem Stabmixer aufmixen.

.4]

Für die Parfaitmasse die Eier mit Zucker warm und kalt schlagen. Kumquats mit glatt rühren, den Cointreau zugeben und die geschlagene Sahne unterheben. Die Pignoli und die Veilchen untermengen, in Formen füllen und tiefkühlen.

.5]

Das Schokosüppchen im vorgekühlten Teller anrichten, das Parfait in die Mitte stellen. Die Hippenmasse quadratisch und dünn auf Backtrennpapier streichen, goldgelb backen und die noch heiße Hippe um das Parfait falten. Mit dem aufgemixten Eierlikörschaum dekorieren.

Feigen-Tarte-Tatin

Tarteteig
270 g ausgerollter Blätterteig
270 g ausgerollter Mürbteig

Heidelbeersauce für die Feigen
80 g Zucker
Saft und Schale von einer halben Zitrone
1 Vanilleschote
250 g Heidelbeeren
80 ml Portwein
100 ml Cassis
12 Feigen

Außerdem
1 EL Butter
150 g Zucker

Stracciatellaeis
Grundrezept vom Fior di Latte Eis
(Rezept siehe Schokoladensoufflée, Seite 208–209)
80 g dunkle Schokolade, geschmolzen

.1]

Den Blätterteig auf eine bemehlte Arbeitsfläche legen, ausrollen und den Mürbteig darauflegen. Dann beide Teige gemeinsam einschlagen. Zu einer Bahn ausrollen. Diese Bahn nochmals einschlagen, damit ein quadratischer Block entsteht. Diesen Block etwa einen halben Zentimeter dick ausrollen und passend zu den Tartelettformen ausstechen.

.2]

Für die Heidelbeersauce den Zucker und den Zitronensaft mit der Vanilleschote hell karamellisieren. Die Heidelbeeren und die Zitronenschale dazugeben, zugedeckt köcheln lassen, bis sich der Karamell aufgelöst hat. Mit Portwein und Cassis abschmecken und pürieren. Dann durch ein Sieb passieren. Die 12 Feigen falls notwendig schälen, halbieren, mit der heißen Heidelbeersauce übergießen und über Nacht marinieren lassen. Die Feigen aus der Sauce auf ein Abtropfgitter legen.

.3]

Einen Esslöffel Butter schmelzen und darin 150 g Zucker karamellisieren. Das Karamell auf die Tartelettformböden verteilen, die Feigen mit der Schnittfläche nach unten eng in die Form schichten. Den vorbereiteten Teigboden darüber geben und bei 180 Grad rund 20 Minuten goldbraun backen. Tartes kurz auskühlen lassen und aus der Form stürzen.

.4]

Für das Stracciatellaeis alle Zutaten aus dem Rezept für Fior-di-Latte-Eis verrühren, zirka 24 Stunden ziehen lassen, frieren und die geschmolzene Schokolade vorsichtig unterziehen.

Pistazienblätterteig mit weißer Schokoladen-Kokos-Mousse

Teig I
150 ml Wasser
10 g Salz
300 g Mehl
12 g Butter

Teig II
375 g Butter
75 g Mehl
150 g Pistazien, geschält

Weiße Schokoladen-Kokos-Mousse
50 ml Kokosmilch
150 g weiße Schokolade
25 ml Batida de Coco
300 g geschlagene Sahne

Kandierte Zitrusfrüchte
Limette, Zitrone, Orange und Grapefruit schälen und die Fruchtfleischsegmente herausschneiden.
300 ml Wasser
200 g Zucker
Vanilleschote

.1]

Für ersten Teig des Pistazienblätterteigs das Salz im Wasser auflösen und mit Mehl und weicher Butter zu einem festen Teig verkneten. Eine Kugel formen und eine Stunde ruhen lassen.

.2]

Für den zweiten Teig die Pistazien mit dem Mehl und der Hälfte der Butter fein mixen. Die restliche Butter einmengen und einen Ziegel formen. In Folie einschlagen und im Kühlschrank liegen lassen, bis er fest ist.

.3]

Die Teigkugel kreuzförmig einschneiden und ausrollen, den Butterziegel in die Mitte setzen, einschlagen und ausrollen. Wieder eine Stunde kühl rasten lassen und nochmals eine einfache und eine doppelte Tour geben. Wieder eine Stunde kühl stellen und rasten lassen, dann zirka fünf Zentimeter dick ausrollen, mit einer Gabel stupfen und nochmals 1–2 Stunden rasten lassen, damit sich der ausgerollte Teig entspannen kann. Bei 200 Grad knusprig backen. Auskühlen lassen und in fünf Zenitmeter große Quadrate schneiden. Mit Puderzucker bestreuen und mit Hilfe eines Bunsenbrenners karamellisieren. Auskühlen lassen.

.4]

Für die Schokoladen-Kokos-Mousse die weiße Schokolade klein schneiden und im warmen Wasserbad langsam schmelzen. Die Kokosmilch zusammen mit dem Batida de Coco erwärmen und der geschmolzenen Schokolade beimengen. Kalt rühren und dann die geschlagene Sahne vorsichtig unterheben.

.5]

Für die kandierten Zitrusfrüchte Wasser, Zucker und Vanilleschote aufkochen lassen und über die Zitrusfrüchte gießen. Zugedeckt sechs Stunden stehen lassen. Abseihen und Sirup erneut aufkochen, wieder über die Zitrusfrüchte gießen und zugedeckt nochmals sechs Stunden stehen lassen, diesen Vorgang noch zweimal wiederholen.

.6]

Die Quadrate vom Pistazienblätterteig mit Schokoladen-Kokos-Mousse füllen und abwechselnd aufschichten. Mit den Zitrusfrüchten garnieren.

[Welt
.3]

St. Hubertus Welt

Welt

„Internationale Küche hat immer auch ein wenig mit Fernweh zu tun. Was mich an der Cross-over-Küche, die in den letzten Jahren sicher auch eine Modeerscheinung geworden ist, am meisten reizt, ist die Exotik. Ich reise gern, und ausgefallene Früchte, Gewürze und Zubereitungsmethoden, kurz gesagt, alles, was ich bisher noch nicht kannte, reizt und interessiert mich. Wie lassen sich exotische Produkte in unsere Rezepte einfügen, um vielleicht etwas ganz Neues zu kreieren?

Am interessantesten finde ich die leichte asiatische Küche, die eine ungeheure Vielfalt in sich birgt und sich ganz ausgezeichnet mit der mediterranen Küche kombinieren lässt. Zurzeit würde ich am liebsten jeden Tag Sushi essen, und wenn ich in New York bin, wo es wirklich hervorragende japanische Restaurants gibt, dann tue ich das auch. Allerdings ist das auch ein wenig von der Jahreszeit abhängig – im Winter zieht es mich eher wieder zu den etwas deftigeren, einheimischen Gerichten."

… ist in jedem Fall besser als sein Ruf. Für mich bedeutet es im Grunde genommen nur, dass etwas schnell zubereitet wird, und das ist eigentlich immer gut. Nicht nur Hamburger, sondern auch Tapas oder Pizza kann man schließlich im weitesten Sinn als Fast Food bezeichnen. Auch die klassischen amerikanischen Diner finde ich herrlich. Die Architektur gefällt mir gut und die Diner sind inzwischen zum Bestandteil unserer Kultur geworden. Übrigens gibt es sogar bei uns im St. Hubertus einen Hamburger. Allerdings haben wir ihn mit Hummer, Avocado und Mango etwas verfeinert.“

„Fast Food...

„Gänse…

… sind sicher ein Produkt, das aus der Top-Gastronomie ebenso wenig wegzudenken ist wie Trüffel oder Austern. Es gibt beinahe unendlich viele Zubereitungsmöglichkeiten und die Gänseleberrvariationen gehören zu unseren beliebtesten Klassikern. Gans ist reichlich fett und sicherlich etwas, was man nicht jeden Tag essen kann oder sollte, aber ab und zu ist es einfach herrlich.“

„Hummer…

… gehört in jedem Fall zur klassischen Gourmet-Küche. Für mich sind es die faszinierendsten Tiere. Egal ob beim Tauchen in Mittelamerika oder auf dem New Yorker Fischmarkt, einen lebenden Hummer könnte ich stundenlang betrachten. Der beste Hummer kommt aus der Bretagne, aber auch der aus Maine ist sehr gut. Am liebsten esse ich Hummer direkt auf dem New Yorker Fischmarkt oder an der Küste in den großen Lobster-Pots, wo Hummer so unprätentiös zubereitet wird wie eine Tüte Pommes Frites und einfach umwerfend schmeckt.“

„Chinesische Garküchen…

… haben mich immer schon fasziniert. Oft wird direkt auf dem Markt gekocht – frischer geht es kaum noch. Man bekommt tolle Nudelgerichte und es ist fantastisch zuzuschauen, mit welcher Fingerfertigkeit und Geschwindigkeit alles zubereitet wird. In New York besuche ich regelmäßig China Town, um die lebendige Atmosphäre dort aufzunehmen und Inspiration zu sammeln.“

Variationen von Oktopus und rotem Thunfisch

.1]

Thunfischtartar
120 g Thunfisch, in Würfel geschnitten
1 TL gehackte Schalotten
1 TL Schnittlauch
1 EL Olivenöl
Salz und Pfeffer
Limettenzeste und Champagneressig

Für das Tartar den Thunfisch in feine Würfel schneiden und mit den restlichen Zutaten würzen.

.2]

Thunfischrolle
4 dünn geklopfte Thunfischscheiben à 20 g
10 Shitake-Pilze
Öl zum Braten
Salz und Pfeffer
50 ml helle Sojasauce
40 g Gemüsestreifen (Karotten, Sellerie und Lauch)
1 TL Reisessig
Sesamöl

Für die Thunfischrolle die Shitake-Pilze in Öl anbraten, gut würzen, mit der Sojasauce löschen und etwas einkochen lassen. Mit Reisessig und Sesamöl abschmecken. Dann die Thunfischscheiben mit Salz, Pfeffer und Olivenöl würzen und das kurz angebratene, sehr fein geschnittene Gemüse sowie die Pilze darin einrollen.

.3]

Thunfisch in Sesam-Koriander-Kruste
120 g Thunfischfilet
40 g Sesam zum Wälzen
10 g Korianderkörner
Salz und Pfeffer
Öl zum Braten
Blattsalat

Für den Thunfisch in der Sesam-Koriander-Kruste wird der Sesam mit den zerstoßenen Korianderkörnern vermischt. Den Thunfisch würzen, darin wälzen und von allen Seiten heiß anbraten. In Scheiben schneiden und auf dem marinierten Blattsalat anrichten.

Oktopus Grundrezept
1 Oktopus
6 l Wasser
1 Lauch
1 Stangensellerie
2 Tomaten
2 Lorbeerblätter
5 Petersilienstängel
2 EL schwarze Pfefferkörner
Essig und Salz

Aus allen Zutaten einen Fond kochen und den Oktopus darin zirka zwei Stunden weich kochen. Im Sud auskühlen lassen. Herausnehmen, noch lauwarm von der Haut befreien und in die gewünschten Stücke schneiden.

.1]

Oktopus auf Gemüsegerste
3 EL gekochte Rollgerste
1 EL blanchierte Gemüsewürfel (Karotten, Sellerie und Lauch)
Olivenöl und Zitronensaft
Salz und Pfeffer
Oktopus

Die gekochte Rollgerste mit den Gemüsewürfeln, dem Zitronensaft, dem Olivenöl und Salz und Pfeffer würzen. Den lauwarmen Oktopus darauf anrichten.

.2]

Oktopus in Rotwein auf Polenta
100 ml Rotwein
100 ml roter Portwein
1 TL Zucker
1 Lorbeerblatt
120 g Oktopus
Salz, Pfeffer und Olivenöl
4 EL weich gekochte Polenta

Für den Oktopus den Rotwein mit Portwein, Zucker und Lorbeer zum Kochen bringen und auf die Hälfte reduzieren. Den vorgekochten Oktopus eine Viertelstunde darin ziehen lassen. Mit Salz, Pfeffer und Olivenöl marinieren und auf der Polenta anrichten.

.3]

Oktopus-Spieß mit Fenchel-Mandarinen-Salat
roher Fenchel, in Würfel geschnitten
4 Mandarinenfilets
1 TL Zitronendressing (siehe Scampicarpaccio Seite 122)
2 Cocktailtomaten
8 kleine Oktopusstücke
4 Zucchinischeiben
4 Lauchstreifen
Salz und Pfeffer

Teig
20 g Tempuramehl
150 ml Bier

Außerdem
Öl zum Backen
4 Holzspieße

Für den Oktopus-Spieß die Cocktailtomaten vierteln, entkernen, die Zucchini und Lauchstreifen in gleichmäßige Stücke schneiden. Für den Spieß abwechselnd Gemüse, Tomaten und Oktopusstücke aufspießen. Tempuramehl mit eiskaltem Bier glatt rühren und den Spieß durchziehen. Bei 160 Grad im Öl frittieren, abtropfen und leicht darüber salzen.
Die Mandarinenfilets und die blanchierten Fenchelwürfel vermischen, mit dem Zitronendressing marinieren und eventuell mit etwas Salz und Pfeffer nachwürzen. Den frittierten Spieß darauf anrichten.

Marinierte Austern und Pizza mit Wasabi und gebeiztem Lachs

(Rezept für zirka 4 Personen)

Gebeizter Lachs
Ein Wildlachsfilet, geputzt und entgrätet, ungefähr 1,5 kg
500 g feines Salz
300 g Zucker
1 EL Pfefferkörner
10 Petersilienstängel
Schale von einer Zitrone
1 EL frischer Dill
1 EL zerstoßene Korianderkörner
1 EL zerstoßene Wacholderkörner

Pizzateig
300 g Weizenmehl
200 g kaltes Wasser
2 EL Olivenöl
15 g Hefe
1 TL Salz

Wasabicreme
40 g Creme Fraîche
1 TL Wasabipaste

Melonengelee
Japanische Honigmelone
Salz und Pfeffer
eine frische Chilischote
1 Limette
30 ml Champagner
1,5 Blatt Gelatine

Asiatische Marinade
20 ml Sojasauce
20 ml Reisessig
20 ml Wasser
1 TL brauner Zucker
1 Msp Senfpulver
1 EL Traubenkernöl
3 EL Sesamöl
Salz und Pfeffer

Außerdem
24 frische Austern

Pizza mit Wasabi und gebeiztem Lachs

.1]

Den Lachs mit den Zutaten bedecken und 24 Stunden marinieren lassen. Dann aus der Marinade nehmen, sauber waschen, trockentupfen und 12 Stunden lagern lassen. In dünne Scheiben schneiden.

.2]

Für die Pizza alle Zutaten miteinander vermischen und zirka vier Stunden ruhen lassen. Dann ungefähr 100 g schwere Kugeln formen und wieder rund eine Stunde gehen lassen. Dünn ausrollen, bei 220 Grad knusprig backen und auskühlen lassen.

Austern

Marinierte Austern

.3]

Die ausgekühlte Pizza mit Wasabicreme bestreichen und den dünn geschnittenen Lachs darauf geben. Mit etwas Olivenöl und mit Limettenzeste marinieren und eventuell mit Hopfensprossen garnieren.

.1]

Für das Melonengelee den Saft von der Melone mit den Zutaten vermischen, die eingeweichte und aufgelöste Gelatine dazugeben. Auf Eis setzen und kalt rühren. Kurz bevor es fest wird, vorsichtig den Champagner unterheben, so dass die Bläschen ganz bleiben. In 12 Austernschalen füllen und wieder kalt stellen, vor dem Servieren die Austern auf das Melonengelee geben.

.2]

Für die asiatische Marinade alle Zutaten miteinander vermischen. Die restlichen 12 Austern putzen und mit der asiatischen Marinade überträufeln.

Rote-Beete-Gelee mit Krenmousse und gebeiztem Renken-Raviolo

Gebeizte Renke
30 g weiße Zwiebelwürfel
40 g frischer Koriander
10 g Dill
Zeste von einer Zitrone
1 TL Pfefferkörner
1 TL Korianderkerne
TL Senfkörner
60 g Salz
60 g Zucker
2 EL Olivenöl
1 Saft von einer Zitrone
4 Renkenfilets, geputzt und entgrätet

Krenmousse
60 g Naturjoghurt
10 g Kren aus dem Glas
60 ml geschlagene Sahne
1 Blatt Gelatine
frisch geriebener Kren

Raviolifüllung
40 g passierter, feiner Topfen
1 EL Olivenöl
Salz, Pfeffer und Muskatnuss
1 EL gehackte Kräuter (Basilikum, Petersilie, Kerbel und Dill)
30 g feine, rote Paprikawürfel

Rote-Beete-Gelee
300 ml frisch gepresster Rote-Beete-Saft
1 TL Kümmel
1,5 Blatt Gelatine
Salz und Pfeffer

Außerdem
4 Renkenfilets à 40 g
etwas Olivenöl
Blattsalate zum Garnieren

.1]

Für die gebeizte Renke die Filets ohne Gräten in der Kräuter- und Gewürzmischung zirka sechs Stunden marinieren lassen.

.2]

Für die Krenmousse den Naturjoghurt leicht erwärmen, die aufgelöste Gelatine beifügen, den Kren dazugeben und etwas anziehen lassen. Dann die geschlagene Sahne unterheben.

.3]

Für die Raviolifüllung alle Zutaten vermischen und gut würzen. Die gebeizte Renke aus der Marinade nehmen, gut waschen, abtropfen und 12 Stunden zugedeckt ruhen lassen. Dann zwischen zwei Folien dünn klopfen. Mit der Masse füllen und rund ausstechen.

.4]

Für das Rote-Beete-Gelee alle Zutaten, außer der Gelatine, ungefähr zehn Minuten kochen lassen, abseihen und dann mit der Gelatine gelieren.

.5]

Die Teller zur Hälfte mit Rote-Beete-Gelee und zur Hälfte mit Krenmousse ausgießen. Die Renkenfilets leicht würzen, in etwas Olivenöl braten. Auf dem Rote-Beete-Gelee die Renkenraviolis und auf der Krenmousse die Renkenfilets auf dem marinierten Salat anrichten.

Rotbarbe auf kross gebratenen Calamari mit Kokos-Koriander-Sauce

.1]

Die Rotbarben filettieren, aber so, dass sie am Schwanzende noch zusammenhängen. Mit den Ofentomaten und den Basilikumblättern füllen und würzen. In einer beschichteten Pfanne in Olivenöl mit Knoblauch in der Schale von beiden Seiten anbraten und dann im Salamander oder auch im Ofen fertig garen. Vor dem Servieren Thymian beifügen und mit der Butter leicht überziehen.

.2]

Die Calamari sauber putzen und mit dem Messerrücken von beiden Seiten trocken kratzen. In Rechtecke schneiden und zu zirka 15 cm langen und 3 cm hohen Türmchen aufschichten. In Klarsichtfolie eng einrollen und für zirka sechs Stunden in den Tiefkühler geben. Vor Gebrauch einen Teller ebenfalls in den Tiefkühler geben, die gefrorenen Calamari mit der Aufschnittmaschine hauchdünn schneiden und auf den kalten

Rotbarben
4 Rotbarben ohne Gräten und Schuppen
8 Filets von Ofentomaten
(Seite 134–135)
8 Basilikumblätter
Salz und Pfeffer aus der Mühle
20 ml Olivenöl
1 Knoblauchzehe
10 g Butter
1 Thymianzweig

Calamari
500 g Calamari, sauber geputzt
2 EL gehackte Petersilie
4 EL kalt gepresstes Olivenöl
Salz und Pfeffer aus der Mühle

Kokos-Koriander-Sauce
200 ml frisches Kokoswasser
80 ml Sahne
1 Msp Thai Currypaste
1 EL frisch gehackter Koriander
40 g Butter
etwas Zitronensaft

Außerdem
1 Zitronengras, geviertelt und frittiert
Abrieb von einer Limette

Teller legen. Eine Teflonpfanne sehr heiß werden lassen, Öl dazugeben und die Calamari unter ständigem Rühren mit einem Holzlöffel kross braten. Aus der Pfanne nehmen und in einen tiefen Teller mit dem Olivenöl und der gehackten Petersilie geben. Gut durchrühren und mit Salz und Pfeffer aus der Mühle würzen. Olivenöl auspressen und auf einem Teller trocken anrichten. Die Rotbarbe darauf legen.

.3]

Für die Kokos-Koriander-Sauce wird das frische Kokoswasser in eine Sauteuse gegeben und nur leicht erhitzt. Die Thaicurry-Paste darin auflösen und mit der Sahne auffüllen. Wieder erwärmen, aber nicht kochen lassen. Die Butter, den fein geschnittenen Koriander und einige Tropfen Zitronensaft dazugeben und mit dem Stabmixer schaumig mixen.

.4]

Zitronengras der Länge nach vierteln, bei 140 Grad frittieren und als Garnitur verwenden.

Risotto mit Wasabi und geräuchertem Aal

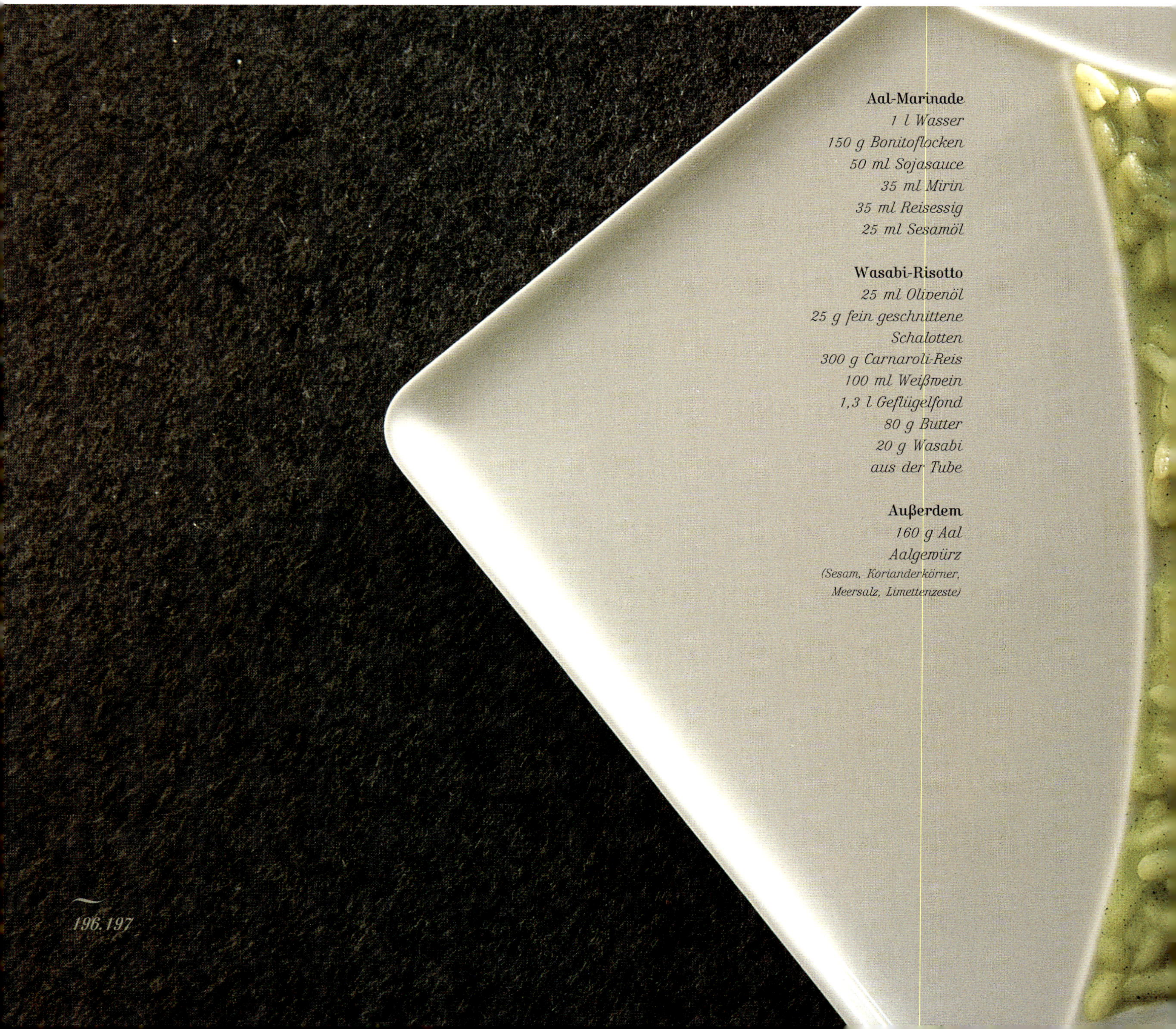

Aal-Marinade

1 l Wasser
150 g Bonitoflocken
50 ml Sojasauce
35 ml Mirin
35 ml Reisessig
25 ml Sesamöl

Wasabi-Risotto

25 ml Olivenöl
25 g fein geschnittene Schalotten
300 g Carnaroli-Reis
100 ml Weißwein
1,3 l Geflügelfond
80 g Butter
20 g Wasabi aus der Tube

Außerdem

160 g Aal
Aalgewürz
(Sesam, Korianderkörner, Meersalz, Limettenzeste)

Risotto

.1]

Für die Aal-Marinade das Wasser auf 80 Grad erhitzen und die Bonitoflocken beimengen. Mit einer Klarsichtfolie abdecken und für 40 Minuten ziehen lassen. Passieren, die restlichen Zutaten beifügen und den Aal einlegen. Ungefähr 12 Stunden ziehen lassen. Dann den Aal herausnehmen und vier Minuten warm räuchern.

.2]

Für den Risotto die Schalotten in dem Olivenöl anschwitzen. Den Reis beimengen und weiterrösten. Mit Weißwein ablöschen, nach und nach mit dem heißen Geflügelfond aufgießen und unter ständigem Rühren fertig kochen. Risotto mit Wasabi verfeinern und eventuell mit Salz und Pfeffer nachwürzen.

.3]

Für das Aalgewürz den Sesam rösten und mit den restlichen Zutaten mixen.

.4]

Den Aal unter dem Salamander erwärmen, bis er leicht karamellisiert und auf dem Risotto anrichten.

Tipp

Mit der Wasabi-Paste sollte man vorsichtig umgehen, da sie sehr scharf ist.

Hummerburger mit Avocado

1. Ansatz

.1]

Für das Hummerbrot wird die Hefe mit Hummerfond aufgelöst. Das Mehl darunter heben und an einem warmen Ort gehen lassen.

2. Ansatz

.1]

Den ersten Ansatz mit den Zutaten für den zweiten Ansatz zu einem glatten Teig verkneten. Den Teig gehen lassen, nach etwa einer Stunde zusammenschlagen und nochmals gehen lassen. In acht Stücke teilen und diese zu kleinen Kugeln formen. Die Kugeln auf ein bemehltes Tuch legen und flachdrücken, mit Mehl bestäuben und zugedeckt gehen lassen, bis sich das Volumen merklich vergrößert hat. Oberfläche mit Wasser bepinseln und mit etwas Sesam bestreuen. Im vorgeheizten Rohr bei 200 Grad zirka 15 Minuten backen.

.2]

Den Hummer in Courtbouillon drei bis vier Minuten kochen. In kaltem Wasser auskühlen und ausbrechen. Die Scheren vorsichtig auslösen und weglegen. Vom restlichen Hummerfleisch 200 g fein hacken.

.3]

Für die Currymayonnaise alle Zutaten glatt rühren, mit Salz abschmecken und mit dem Hummerfleisch vermischen.

.4]

Die vollreife Avocado schälen, entkernen und mit einer Gabel fein zerdrücken. Mit Salz, Pfeffer und Limettensaft abschmecken. Mangowürfel und Zwiebelwürfel untermischen. Nach Geschmack kann man auch frischen Koriander beimengen.

.5]

Hummerbrötchen aufschneiden und auf der Schnittfläche antoasten. Auf den Boden Avocadopüree aufstreichen und eine schöne Portion Currymayonnaise mit Hummergehacktem darauf legen. Die Hummerscheren vorsichtig in zwei Teile schneiden, in Butterfond erwärmen, mit reduziertem Hummerjus glacieren und neben dem Burger anrichten.

Hummerbrot

1. Ansatz

60 g Weizenmehl
60 ml Hummerfond
0,5 g Hefe

2. Ansatz

90 ml Hummerfond
2 g Hefe
4 g Salz
110 g Mehl

Füllung

50 g Mangowürfel
12 g rote Zwiebel, fein gehackt
1 vollreife Avocado
Saft einer halben Limette
Salz und Pfeffer

Currymayonnaise

10 g Mayonnaise
5 g Currypaste
10 g Sauerrahm

Außerdem

Ein Hummer

Hummerburger

Soft-Shell-Crabbs und Chips

2 große Kartoffeln
Öl zum Frittieren
8 Soft-Shell-Crabbs
3 Eier
Salz und Pfeffer
200 g Panko
Paniermehl
Öl zum Braten

Shell-Crabbs

.1]

Für die Kartoffelchips werden die gut gewaschenen Kartoffeln mit der Schale in Streifen geschnitten wie Pommes frites. Die Kartoffelstreifen 2–3 Stunden gut wässern und trocknen. In heißem Öl blanchieren und abtropfen. Kurz vor dem Servieren noch einmal in die Fritteuse geben und knusprig frittieren.

.2]

Die Soft-Shell-Crabbs in den aufgeschlagenen Eiern zirka drei bis vier Stunden einlegen. Mit Salz und Pfeffer würzen und in dem Panko-Paniermehl wälzen. In einer Pfanne mit dem Olivenöl goldgelb knusprig braten, auf Küchenpapier geben und dann sofort servieren.

Spare ribs mit Macadamia-Nüssen und Karotten-Ingwer-Schaum

Spare ribs
1 kg Spare ribs
(Schweinerippen)
3 l Wasser
4 Lorbeerblätter
15 Pfefferkörner, schwarz
4 Knoblauchzehen
1 Lauchstange, in Scheiben geschnitten
1 Karotte
1 Ingwerknolle
Salz und Pfeffer

Marinade
50 g Ingwer, in dünne Scheiben geschnitten
20 g Knoblauch
3 Zitronenblätter, in Julienne geschnitten
5 g Kardamom
5 EL Sojasauce
10 EL Honig
5 EL Tomatenketchup
500 ml Geflügelfond

Außerdem
100 g fein gehackte Macadamia-Nüsse

Karotten-Ingwer-Schaum
(Rezept für 10–12 Personen)
500 ml frisch gepressten Karottensaft
250 ml frisch gepressten Apfelsaft
Saft von einer Selleriestange
Saft von einer kleinen Ingwerwurzel
Zitronensaft
Salz und Pfeffer
11 Blatt Gelatine

.1]

Für die Marinade alle Zutaten vermischen und rasten lassen.

.2]

Die Spare ribs im Wasser mit den ganzen Gewürzen und dem Gemüse weich kochen. Herausnehmen, noch warm mit der Marinade einstreichen und 12 Stunden marinieren lassen. 20 Minuten in das auf 180 Grad vorgeheizte Rohr schieben, dann mit den Macadamia-Nüssen bestreuen und mit dem Karotten-Ingwer-Schaum servieren.

.3]

Für den Karotten-Ingwer-Schaum alle Zutaten vermischen, die eingeweichte, aufgelöste Gelatine dazugeben und sofort in einen Siphon füllen. Zwei Kapseln Gas füllen und mindestens fünf Stunden kalt stellen.

Spare ribs

Exotischer Fruchtsalat mit Sesam-Nougatine-Eis

Nougatine
100 ml Milch
250 g Butter
100 g Glucose
300 g Zucker
210 g schwarzer Sesam

Nougatineeis
310 ml Sahne
110 ml Milch
70 g Zucker
90 ml Kondensmilch
70 g Glucose
20 g Milchpulver
100 g Sesam, rösten und cuttern

Früchtechips
450 ml Wasser
150 g Zucker
200 ml Orangensaft
150 ml Zitronensaft
1/2 Vanilleschote
Schale von einer Orange
Früchte: Birnen, Apfel, Ananas, Kiwi usw.

Außerdem
Verschiedene exotische Früchte, z.B. Sternfrüchte, Passionsfrucht, Baumtomaten, Mango, Ananas, Kiwi usw.

.1]

Für das Nougatine Milch, Butter und Glucose auf 50 Grad erhitzen. Den Zucker zugeben und die Masse bis auf 106 Grad kochen. Dann den schwarzen Sesam untermengen. Nougatine dünn zwischen zwei Backtrennmatten ausrollen, vier Streifen zu je 3 cm Breite und 20 cm Länge schneiden und bei 180 Grad backen, bis es Farbe annimmt und nach dem Auskühlen fest ist. Sollte das Nougatine noch etwas zäh sein, einfach weiterbacken.

.2]

Für das Nougatineeis alle Zutaten vermengen und aufkochen. Über Nacht ziehen lassen, kurz aufmixen und frieren. Nach dem Ausfrieren noch fein gebrochenes Sesamnougatine unter die Eiscreme rühren.

.3]

Pro Person zwei schöne Kugeln Eis übereinander türmen und in den Tiefkühler stellen. Inzwischen die vorbereiteten Sesam-Nougatine-Streifen im Backrohr warm stellen, damit sie weich und biegsam werden und spiralenförmig um die Eistürme legen.

.4]

Auf die Teller verschiedene exotische Fruchte dekorieren und mit etwas Passionsfruchtsaft beträufeln. Den Eisturm mit dem Nougatine in die Mitte setzen.

.5]

Für die Früchtechips alle Zutaten gemeinsam aufkochen und zwei bis drei Stunden zugedeckt marinieren lassen. Früchte mit Schale hauchdünn auf der Aufschnittmaschine schneiden, zusammen mit der Marinade in einem Vakuumsack einschweißen und fünf Minuten in kochendes Wasser geben. Sofort in Eiswasser auskühlen und kühl aufbewahren. Dann die Scheiben auf eine Silpat-Matte legen und im Rohr bei 100 Grad und offenem Zug etwa 60 Minuten trocknen lassen.

.6]

Für die Orangen- und Zitronenchips die Früchte dünn schneiden und auf eine Silpat-Matte legen. Mit etwas Staubzucker bestäuben und im Rohr bei 80 Grad langsam trocknen.

Passionsfruchtparfait mit Safranbirnen

Birnen-Passionsfrucht-Sirup
225 ml Passionsfruchtsaft
200 ml Wasser
125 g Zucker
20 ml Zitronensaft
0,5 g Safran

Außerdem
6 Birnen, halbiert und von den Kerngehäusen befreit

Parfaitmasse
1 Ei
2 Dotter
35 g Zucker
20 ml Williamsgeist
250 ml Sahne
Birnen-Passionsfrucht-Sirup nach Geschmack

Sabléteig
140 g Butter
150 g Mehl
35 g Puderzucker
1 Eigelb
25 g Mandelmehl
Prise Salz

.1]

Zunächst alle Zutaten für den Birnen-Passionsfrucht-Sirup, bis auf den Safran, aufkochen und passieren. Den Safran in etwas heiße Flüssigkeit geben und mit einem Gummispachtel auspressen. Diesen Saft mit Fäden in die Passionsfruchtflüssigkeit geben. Die Birnen darin zugedeckt pochieren und den austretenden Schaum ab und zu abschöpfen. Aus einem Teil der Birnen gleichmäßige Würfel von etwa einem halben Zentimeter Durchmesser schneiden. Die Reste pürieren, mit dem restlichen Saft verkochen und einreduzieren, bis eine sirupartige Konsistenz entsteht.

.2]

Aus Backpapier Stanitzel formen.

.3]

Für das Parfait die Eier mit dem Zucker warm und kalt aufschlagen. Williamsgeist und Birnen-Passionsfrucht-Sirup zugeben. Die Sahne vorsichtig unterheben. In die Stanitzel füllen und frieren.

.4]

Für den Sabléteig die Butter glatt rühren, die restlichen Zutaten untermengen und drei Stunden kühl rasten lassen. Dünn ausrollen und je zwei verschieden große Ringe pro Person ausstechen und backen. Durchmesser der Ringe sollte zirka 2,5 und 3,5 cm sein.

.5]

Die Safranbirnen-Würfel auf den Tellern anrichten, das Parfait aufstellen (Stanitzelpapier abziehen) und mit den Sabléringen garnieren.

Soufflé von Valhrona-Schokolade mit Creme-Brûlé-Kern

Fior-di-Latte-Eis
310 ml Sahne
110 ml Milch
70 g Zucker
90 ml Kondensmilch
70 g Glucose
20 g Milchpulver

Weichseln
400 g Weichseln
90 g Zucker
Saft von einer Orange
Saft von einer Zitrone

Creme-Brûlé
250 ml Sahne
Mark von einer Vanilleschote
2 Eigelb
45 g Zucker

Soufflé
50 g Butter
25 g Puderzucker
40 g Mehl
1 Eigelb
1 Ei
45 g Valhrona-Schokolade mit 70 Prozent Kakaoanteil, geschmolzen

.1]

Für das Fior-di-Latte-Eis alle Zutaten vermengen, aufkochen und aufmixen. Dann passieren und frieren.

.2]

Die Weichseln entkernen und 200 g davon auf die Seite legen. Die restlichen Weichseln pürieren und passieren. Mit Zucker und Orangen- und Zitronensaft einkochen. Die Weichseln heiß übergießen und eventuell mit etwas Cherry Brandy abschmecken.

.3]

Für die Creme-Brûlé die Sahne mit der Vanille aufkochen und eine Stunde ziehen lassen. Eigelb, Zucker und etwas Sahne glatt-rühren und die restliche Vanillesahne untermengen. Durch ein feines Sieb passieren. In eine passende, flache Form 1,5 cm hoch einfüllen und bei 90 Grad etwa 40 Minuten mit Folie zugedeckt pochieren. Auskühlen lassen und tiefkühlen. Dann in zirka 2,5 cm große Quadrate schneiden.

.4]

Für das Valhronasoufflé die Schokolade im Wasserbad langsam schmelzen. Die Butter mit Zucker und einer Prise Salz glatt rühren. Ei und Eigelb versprudeln und in kleinen Mengen zugeben. Dann die geschmolzene Schokolade einrühren und gesiebtes Mehl dazugeben. Formen ausbuttern und mit Kristallzucker bestreuen. Dann die Masse bis zur Hälfte einfüllen. Die gefrorenen Creme-Brûlé-Stücke in die Mitte geben und mit der Soufflémasse abdecken, so dass die Förmchen zirka halb voll sind.

.5]

Im Ofen bei 200 Grad etwa 10–15 Minuten backen. Der Rand sollte schön gebacken und bei Berührung fest sein, während die Mitte des Soufflés weich bleiben soll, damit der Kern nicht durchbäckt, sondern flüssig bleibt. Soufflé vorsichtig mit der Messerspitze vom Formenrand lösen und ebenso behutsam stürzen.

.6]

Das gebackene Soufflé in die Mitte stellen und mit den Weichseln anrichten. Pro Person drei Nocken Fior-di-Latte-Eis dazugeben.

Soufflé

Kokosflip

Kokosfond
800 ml Kokosmilch
100 ml Läuterzucker
1 Vanilleschote
10 g Zitronengras, klein geschnitten
8 g Ingwer, geschält und fein gerieben

Kokosflip
800 ml Kokosfond
100 ml Malibu
4 Blatt Gelatine

Außerdem
100 g Ananas, in kleine Würfel geschnitten

Himbeerhippe
65 g Butter, geschmolzen
65 g Himbeerpüree
65 g Mehl
165 g Puderzucker

Ananassorbet
250 g Ananaspüree
50 ml Läuterzucker
25 g Glucose
35 ml Prosecco
1 TL Limettensaft

.1]

Für den Kokosfond die Kokosmilch mit Läuterzucker, Vanilleschote, Zitronengras und Ingwer aufkochen und zugedeckt über Nacht auskühlen lassen. Passieren und abseihen. 800 ml von diesem Fond mit dem Malibu und der eingeweichten und aufgelösten Gelatine vermischen. In einen Siphon füllen, zwei Kapseln Gas einsetzen und drei bis vier Stunden rasten lassen.

Kokos

.2]

Ein vorgekühltes Glas bis zur Hälfte mit dem Schaum füllen, drei Esslöffel Ananaswürfel aufstreuen und mit Schaum füllen.

.3

Für die Hippe das Mehl und den Puderzucker versieben, mit Himbeerpüree glatt rühren und die Butter untermengen. Drei Stunden gekühlt rasten lassen, dünn und quadratisch auf einer Silpat-Matte aufstreichen. Bei 200 Grad backen, bis die Himbeerfarbe leicht braun wird, aus dem Rohr nehmen und erkalten lassen.

.4]

Für das Ananassorbet zirka 350 g frische Ananas pürieren und durch ein Sieb streichen. Davon sollten zirka 250 g Ananaspüree entstehen. Läuterzucker erwärmen und Glucose darin auflösen. Mit den restlichen Zutaten glatt rühren und ausfrieren.

.5]

Vor dem Servieren die Hippe nochmals ins heiße Rohr schieben, bis sie biegsam ist. Aus dem Rohr nehmen und rasch eine Kugel Ananassorbet in die Mitte setzen. Die Hippe um das Sorbet schlagen. Das Glas mit dem Kokosflip extra servieren.

Bananensplit St. Hubertus

Bananentorte
2 Bananen
50 ml Läuterzucker
Saft von einer Limette
125 g Puderzucker
250 g Butter
375 g Mehl
1 Dotter
Salz

Passionsfruchtgelee
80 ml Passionsfruchtmark
15 ml Ananassaft
15 ml Läuterzucker
2 Blatt Gelatine

Schokoladensauce
100 g dunkle Schokolade
50 g Milchschokolade
200 ml Sahne

Bananenmousse
500 g Bananen
125 ml Milch
200 g Joghurt
1/2 Vanilleschote
1 Blatt Gelatine
10 ml Rum
375 g Eiweiß
50 g Zucker
100 ml geschlagene Sahne

Vanilleeis
250 ml Sahne
250 ml Milch
80 g Zucker
4 Eigelb
1 Vanilleschote

Außerdem
2 Bananen zum Braten

.1]

Für die Torte die Bananen dünnblättrig schneiden und in Läuterzucker und Limettensaft einlegen. Die restlichen Zutaten rasch zu einem Mürbteig kneten. Dünn ausrollen und in 3 cm breite und 10 cm lange Streifen schneiden. Mit den Bananenscheiben belegen und bei 180 Grad backen.

.2]

Für das Passionsfruchtgelee den Passionsfruchtsaft mit dem Ananassaft verrühren. Die in kaltem Wasser eingeweichte Gelatine ausdrücken und in erwärmtem Läuterzucker auflösen, dem Fruchtsaft beimengen, gut verrühren und durch ein feines Sieb passieren. Das Passionsfruchtgelee knapp einen Zentimeter hoch in eine mit Folie ausgelegte, eckige Form gießen und gelieren lassen.

.3]

Für die Schokoladensauce die Schokolade klein hacken und mit heißer Sahne übergießen. Glatt rühren und abkühlen lassen.

.4]

Für das Bananenmousse zirka 500 g Bananen schälen, in Stücke schneiden, in einen Topf geben und mit Milch bedecken. Die halbierte Vanilleschote dazugeben und einmal aufkochen lassen. Zudecken und rund 15 Minuten ziehen lassen. Die Milch abgießen und die Bananen durch ein Sieb streichen, das ergibt ungefähr 250 Gramm. Den Joghurt mit diesem Bananenpüree verrühren und die aufgelöste Gelatine zugeben. Das Eiweiß mit dem Zucker zu Schnee schlagen, ebenso die Sahne steif schlagen. Beides abwechselnd unter die Joghurt-Bananen-Masse heben und zum Schluss mit Rum abschmecken.

.5]

Zum Anrichten etwas Bananenmousse mit Hilfe eines Dressiersacks in die Gläser füllen. Zwei Bananen in Scheiben schneiden und diese in einer beschichteten Pfanne kurz braten. Drei bis vier dieser Bananenscheiben aufsetzen, dann wieder mit Bananenmousse bis maximal zur Mitte des Glases auffüllen und etwas Schokoladensauce darüber gießen. Die Gläser kurz in den Tiefkühler stellen, damit die Schokoladensauce stocken kann und auf die Schokoladensauce wieder Bananenmousse dressieren. Die Gläser sollten jetzt bis etwa zwei Zentimeter unter dem Glasrand gefüllt sein. Nun mit Vanilleeis und mit zwei weiteren gebratenen Bananenscheiben abschließen.

.6]

Für das Vanilleeis etwas Milch mit dem Eigelb glatt rühren. Sahne mit Milch und Zucker sowie der aufgeschnittenen Vanilleschote zum Kochen bringen. Eigelbmilch einrühren und zur Rose abziehen. Durch ein Sieb passieren und frieren.

.7]

Passionsfruchtgelee schneiden und mit der Bananentorte dazureichen.

Passionsfruchtsoufflé mit Cannoli und Cassataparfait

Souffléegrundmasse
50 ml Passionsfruchtsaft
90 ml Milch
20 g Zucker
eine Prise Salz
1 Eigelb
10 g Mehl
35 g Eiweiß
10 g Zucker
5 g Maizena

Cannoliteig
250 g Weizenmehl
30 g Puderzucker
1/2 TL Backpulver
1 Eigelb
60 g flüssige Butter
55 ml Weißwein

Cassataparfait
1 Eigelb
90 g Honig
20 ml Maraschino
250 ml Sahne
30 g Pistazien, gehackt
40 g Früchtemix, kandiert
20 g Schokolade, gehackt

Himbeerschaum
200 g Himbeeren
50 ml Mineralwasser
50 ml Prosecco
ein Spritzer Zitronensaft
Puderzucker

.1]

Für das Soufflé die Passionsfrüchte ausschaben, die Pulpe kurz aufmixen und dann den Saft passieren. Für die Grundmasse alle Zutaten aufkochen, außer dem Ei und dem Mehl. Im Mixer kalt rühren. Ei und Mehl hinzufügen und das mit dem Zucker und Maizena geschlagene Eiweiß unterheben. In die vorgebutterten und ausgezuckerten Förmchen füllen und bei 180 Grad zirka 12 Minuten im Ofen backen.

.2]

Für die Cannoli alle Zutaten zu einem geschmeidigen Teig verkneten und 30 Minuten kalt stellen. Dann dünn in 2 cm breite und 15 cm lange Streifen ausrollen. Über eine gefettete Metallrolle legen, dabei die Ränder überlappen und mit wenig Eigelb bestreichen. In 140 Grad heißem Fett frittieren, von der Rolle ziehen und mit Staubzucker bestreuen.

.3]

Für das Cassataparfait Eier mit Honig warm und kalt schlagen. Maraschino, die gehackten Pistazien, Früchtemix, die gehackte Schokolade und die geschlagene Sahne unterheben und frieren.

.4]

Die Himbeeren mit Mineralwasser, Prosecco und Zitronensaft pürieren, mit dem Puderzucker abschmecken, passieren und kalt stellen. Vor dem Servieren aufmixen und nur den Schaum verwenden.

.5]

Das Cassataparfait in die Cannoli füllen und das Soufflé à part servieren. Mit Himbeerschaum dekorieren.

Saucen

(Grundrezept für größere Menge)

.1]

Wildjus

etwas Öl
1 kg fein geschnittene Wildknochen
100 g Mirepoix
2 rote Zwiebeln
2 Äpfel
2 EL Tomatenmark
4 EL Preiselbeeren
10 weiße Pfefferkörner
10 Wacholderbeeren
Rosmarin
Thymian
Salz und Pfeffer
1 EL Wildgewürz
1,2 l Rotwein
2 l Kalbsjus

Die fein gesägten Wildknochen in etwas Öl anrösten, das Mirepoix beifügen und weiterrösten. Äpfel und rote Zwiebel dazugeben und ebenfalls mitrösten, danach die Aromen und Gewürze und das Tomatenmark einige Minuten rösten. Mit einem Teil vom Rotwein ablöschen und einreduzieren lassen. Diesen Vorgang einige Male wiederholen. Mit dem Kalbsjus aufgießen und zirka zwei Stunden köcheln lassen, dabei mehrmals abschöpfen. Passieren und auf die gewünschte Stärke einreduzieren.

.2]

Weißweinsauce

(für 10 Personen)

1 EL Öl
175 g geschälte Schalotten
50 g Stangensellerie
8 Champignons
1 Lorbeerblatt
10 weiße Pfefferkörner
1 Thymianzweig
150 ml Weißwein
500 ml Geflügelfond
500 ml flüssige Sahne und Butter
1 Msp Cayennepfeffer
50 g Butter

Die geschälten und klein geschnittenen Schalotten, den Sellerie und die Champignons in Öl anschwitzen. Den Lorbeer, die weißen Pfefferkörner und den Thymianzweig zufügen, mit dem Weißwein ablöschen. Mit dem Geflügelfond aufgießen und zu 1/3 einkochen lassen. Die Sahne dazugeben und das Ganze einmal aufkochen lassen. Passieren und mit Cayennepfeffer und Salz abschmecken.

.3]

Taubenjus

etwas Olivenöl
2 Taubenkarkassen
100 g Mirepoix
10 weiße Pfefferkörner
1 Zweig Rosmarin
1 Zweig Thymian
2 EL Tomatenmark
500 ml kräftiger Rotwein
200 ml roter Portwein
1,5 l Kalbsjus, ungebunden
Salz und Pfeffer

Die Taubenkarkassen säubern und von den Innereien befreien. In dem Öl anrösten, das Mirepoix dazugeben. Tomatenmark beifügen und kurz rösten. Mit dem Rot- und Portwein ablöschen, diesen Vorgang einige Male wiederholen. Mit dem Kalbsjus auffüllen, die Kräuter und Gewürze dazugeben und zirka 20 Minuten köcheln lassen. Passieren und auf die gewünschte Menge reduzieren. Mit Salz und Pfeffer würzen.

.4]

Kalbssauce

1 kg Kalbsknochen
etwas Öl
100 g Mirepoix
2 EL Pfefferkörner
3 Knoblauchzehen
3 Zweige Rosmarin
3 EL Tomatenmark
500 ml Weißwein
2,5 l ungebundenes Kalbsjus
Salz und Pfeffer

Die klein geschnittenen Kalbsknochen in Öl anrösten, Mirepoix mit den Gewürzen und Aromen zugeben. Tomatenmark mitrösten, nach und nach mit dem Weißwein ablöschen und reduzieren. Mit dem kalten Kalbsjus aufgießen und langsam köcheln lassen. Immer wieder den Schaum abschöpfen und zirka zwei Stunden köcheln lassen. Passieren und auf die gewünschte Konsistenz einkochen, zum Schluss mit Salz und Pfeffer abschmecken.

.5]

Trüffelsauce

(für 10 Personen)

30 g Butter
2 schwarze Trüffel
100 ml roter Portwein
100 ml Madeira
100 ml Cognac
150 ml Kalbsjus
Salz und Pfeffer aus der Mühle

Butter aufschäumen und den klein gehackten Trüffel darin anschwitzen. Roten Portwein, Cognac und Madeira auf 1/3 einkochen und den Trüffel damit ablöschen. Mit Kalbsjus aufgießen und auf die Hälfte einreduzieren. Mit Salz und Pfeffer abschmecken.

.6]

Jungschweinjus

etwas Öl
1 kg Schweineknochen, fein gesägt
100 g Mirepoix
1 vollreife Tomate
1 EL Kümmel
10 weiße Pfefferkörner
3 Knoblauchzehen
1 EL Tomatenmark
400 ml dunkles Bier
1,5 l Kalbsjus

Die fein gesägten Knochen in etwas Öl hellbraun anrösten, das Mirepoix beigeben und weiterrösten. Dann die Gewürze und das Tomatenmark dazugeben und mit dem Bier löschen. Einreduzieren lassen, mit dem Kalbsjus auffüllen und zirka zwei Stunden köcheln lassen. Passieren und auf die gewünschte Stärke einkochen.

.7]

Hummerbisque

2 geputzte Hummerkarkassen
50 ml Olivenöl
150 g Mirepoix
20 Pfefferkörner
4 Knoblauchzehen
1 Thymianzweig
1 Rosmarinzweig
100 ml Süßwein
3 EL Tomatenmark
200 ml Weißwein
50 ml Cognac
2 l Fischfond
1 Limette
50 g kalte Butter
Cayennepfeffer

Die Hummerkarkassen zerkleinert in heißem Olivenöl langsam anrösten, dann das Röstgemüse beifügen und weitere 10 Minuten rösten. Den Knoblauch, die Pfefferkörner und die Gewürze mitrösten. Das Tomatenmark zugeben, leicht rösten und mit dem Cognac flambieren. Mit dem Weißwein aufgießen und einreduzieren. Dann den Fischfond dazugeben und alles bei kleiner Hitze auf die Hälfte einkochen lassen. Das austretende Fett abschöpfen und mit den Gewürzen abschmecken. Passieren und mit der kalten Butter montieren.

.8]

Kalbsjus

etwas Öl
10 kg Kalbsknochen
1 kg Mirepoix
10 weiße Pfefferkörner
2 Knoblauchzehen
3 Rosmarinzweige
3 Thymianzweige
6 EL Tomatenmark
3 l Rotwein
kaltes Wasser

Kalbsknochen nussgroß schneiden, in Öl anrösten, Mirepoix zugeben und mitrösten. Dann Pfeffer und Gewürze zugeben. Tomatenmark beimengen, nur kurz rösten und mit dem Rotwein ablöschen, einreduzieren. Diesen Vorgang öfter wiederholen, damit sich der Bratensatz gut löst und einen guten Geschmack ergibt. Mit kaltem Wasser ungefähr zwei Zentimeter über die Knochen auffüllen und langsam zirka sechs Stunden köcheln lassen. Passieren und dann zu der gewünschten Stärke einkochen lassen.

.9]

Geflügelfond

2 l kaltes Wasser
3 Geflügelkarkassen
1 Lauchstange
1 Stangensellerie
1 Knollensellerie
2 weiße Zwiebeln
2 Lorbeerblätter
2 weiße Pfefferkörner
1 Nelke
Salz und Pfeffer

Die Geflügelkarkassen in dem kalten Wasser aufkochen, den Schaum abschöpfen und auf kleiner Flamme zirka zwei Stunden ziehen lassen. Das Gemüse und die Gewürze beimengen und noch zirka eine halbe Stunde ziehen lassen. Passieren und bei kleiner Hitze etwas einreduzieren lassen. Zum Schluss leicht würzen.

.10]

Fischfond

etwas Olivenöl
1 Lauchstange
1 weißer Sellerie
1 Fenchel
5 Schalotten
1 Steinbuttkarkasse
1 Zanderkarkasse
1 kg Branzinokarkassen
1 Lorbeerblatt
15 Pfefferkörner
300 ml Weißwein
2 l eiskaltes Wasser
Salz und Pfeffer

Für den Fischfond die Karkassen gut wässern und von Blut und Kiemen befreien. Das Gemüse schneiden und in Olivenöl anschwitzen, dann die Karkassen und die Gewürze dazugeben und hell anschwitzen. Mit dem Weißwein ablöschen und mit dem kalten Wasser auffüllen. Langsam zum Kochen bringen und dann nur noch zirka 20 Minuten ziehen lassen. Passieren und auf die Hälfte einkochen.

.11]

Fenchelfond

20 ml Öl
20 g Butter
10 geschälte Schalotten
2 Fenchelknollen
7 Pfefferkörner
1 Knoblauchzehe
1 EL Fenchelsamen
100 ml Weißwein
3 EL Noilly-Prat
1 l Geflügelfond
Salz und Pfeffer aus der Mühle

Die zerkleinerten Fenchelknollen mit den Schalotten in Öl und Butter anschwitzen, die Gewürze dazugeben, mit Weißwein und Noilly-Prat ablöschen und mit dem Geflügelfond auffüllen. Ein Gewürzsäckchen mit Fenchelsamen, Pfefferkörnern und Knoblauch hineingeben. Dann zirka 40 Minuten köcheln lassen. Das Säckchen entfernen und fein passieren. Den Fenchel pürieren und mit dem Fond zur gewünschten Konsistenz verarbeiten.

.12]

Entenfond

etwas Olivenöl
2 Entenkarkassen
100 g Mirepoix
1 Apfel
1 EL Preiselbeeren
Rosmarin, Thymian und Majoran
10 weiße Pfefferkörner
1 EL Tomatenmark
700 ml Rotwein
50 ml Portwein
1,5 l Kalbsjus

Für den Entenfond die Karkassen zerkleinern und in etwas Öl anrösten. Das Mirepoix beifügen und mitrösten, dann die Gewürze und Kräuter dazugeben. Das Tomatenmark untermischen und mit einem Teil von Port- und Rotwein ablöschen. Diesen Vorgang wiederholen und dann mit dem Kalbsjus aufgießen. Apfel und Preiselbeeren dazugeben und ungefähr 20 Minuten köcheln lassen, dann passieren und ungefähr auf die Hälfte reduzieren.

[*Tipp*

Bei Geflügel, wie auch bei Fisch, sollte man nach 20 Minuten die Karkassen entfernen und erst dann auf die gewünschte Menge einkochen.

.13]

Bouillabaissefond

60 ml Olivenöl
1 Doradenkarkasse
1 Steinbuttkarkasse
1 Branzinokarkasse
6 Rotbarbenkarkassen
3 Drachenkopfkarkassen
500 g Mirepoix
1 Thymianzweig
1 Knoblauchzehe
3 Lorbeerblätter
10 weiße Pfefferkörner
6 vollreife Tomaten
2 EL Tomatenmark
1 EL Fenchelsamen
100 ml Noilly-Prat
100 ml Pernod
0,7 l Weißwein
0,5 kg Eiswürfel
3 l Fischfond
Salz, Pfeffer und Zitronenzeste

Für den Bouillabaissefond das Mirepoix in Olivenöl anschwitzen. Die geputzten und gewässerten Karkassen dazugeben und gut rösten. Die restlichen Zutaten beifügen und im Ofen langsam weiterrösten. Die frischen Tomaten und das Tomatenmark beifügen, mit dem Weißwein und dem Noilly-Prat und dem Pernod löschen. Das Eis dazugeben, mit dem Fischfond aufgießen und dann auf die Hälfte einreduzieren lassen. Mit dem Stabmixer gut mixen und dann durch ein feines Sieb passieren. Mit Salz, Pfeffer und Zitronenzeste würzen.

.14]

Rinderbrühe

500 g Rinderknochen
3 l Wasser
300 g mageres Rindfleisch
1 Zwiebel
1 Karotte
50 g Staudensellerie
20 g Lauch
Tomate
Lorbeerblatt
Pfefferkörner
Petersilienstängel

Rinderknochen in Wasser aufkochen lassen. Die überbrühten Knochen in das frische, kalte Wasser geben und langsam aufkochen. Dabei mehrmals den Schaum abschöpfen. Rindfleisch dazugeben. Die Zwiebel mit der Schale in einer Pfanne bräunen und beimengen. Nach zirka 1 Stunde leichtem Köcheln das Gemüse und die Kräuter dazufügen und noch etwa 20 Minuten ziehen lassen. Durch ein Tuch passieren und abschmecken.

.15]

Courtbouillon

2 l Wasser
50 g Zwiebel
50 g Lauch
50 g Staudensellerie
50 g Karotten
30 ml Weißwein
2 Petersilienstängel
Pfefferkörner
Lorbeerblatt
Salz

Alle Zutaten zusammen aufkochen und vom Feuer nehmen. Dann Fische oder Ähnliches bei zirka 80 Grad darin pochieren.

.16]

Geflügelfarce

200 g Hühnerbrust
200 ml Sahne
Salz und Pfeffer aus der Mühle

Das Fleisch in feine Würfel schneiden und in einer Moulinette mit der Sahne zu einer Farce verarbeiten und mit dem Salz und Pfeffer würzen. Man muss sehr darauf achten, dass die Sahne und das Fleisch die gleiche Temperatur haben, damit die Farce bindet. Alles sollte möglichst kalt verarbeitet werden.

.17]

Rotweinsauce

1/2 l kräftiger Rotwein
1/2 l roter Portwein
300 ml Kalbsjus
100 g rote Zwiebel
Pfefferkörner
1 Lorbeerblatt
1 Thymianzweig
Salz und Pfeffer aus der Mühle
50 g kalte Butter
5 EL Tomatenmark

Die geschnittenen Zwiebeln in Butter andünsten, Lorbeer, Pfefferkörner und Thymian zugeben, danach das Tomatenmark mitrösten und mit den Rot- und Portwein nach und nach löschen. Mit Kalbsjus auffüllen, bis zur gewünschten Dichte einkochen und zum Schluss abschmecken.

.18]

Läuterzucker

1/2 l Wasser
500 g Zucker

Das Wasser mit Zucker unter gelegentlichem Umrühren aufkochen lassen. Sobald der Zucker gelöst ist, eine Minute kochen lassen, ohne zu rühren. Danach den Schaum abschöpfen und den Läuterzucker in eine gut schließende Flasche füllen. Kühl und dunkel aufbewahrt, bleibt er wochenlang frisch.

Glossar

Agretto
italienisches Gemüse

Ascorbinsäure
Zitronensäure, in Apotheken erhältlich

Baccalà
gesalzener und getrockneter Kabeljau

Bonitoflocken
Bonito ist mit dem Thunfisch verwandt. Zur Herstellung von Bonitoflocken wird dieser zuerst gekocht, dann mehrmals geräuchert, getrocknet und mit einem speziellen Gerät zu Flocken gehobelt.

Bottarga
getrocknete Thunfischeier

Bouillabaisse
Fischsuppe aus Marseille. Der Begriff kommt von bouillon = Brühe und abaisser = sinken, nämlich durch das Abschrecken.

Brunoise
franz. brun = braun. Feinwürflig geschnittenes Wurzelgemüse, das meist allein in Fett gedünstet und für verschiedene Einlagen verwendet wird.

Burrata
ziemlich fetter Weichkäse aus gezogenem Mozzarellateig mit Sahne verlängert

Cannelloni
gefüllte Nudelteigrollen

Cannoli
kleine Blätterteigrollen

Cappelletti
Hütchen- bzw. spiralförmige Nudeln

Carnaroli-Reis
italienischer Rundkornreis, der am besten für Risotto geeignet ist. Sehr gut ist aber auch Arborio oder Vialone. Die Garzeit der einzelnen Sorten ist leicht verschieden und liegt bei ungefähr 20 Minuten.

Cassis
französischer Branntwein bzw. Likör aus schwarzen Johannisbeeren

Cavatelli
Nudelsorte in der Form von kleinen Oricchiette

Cayennepfeffer
sehr scharfes Gewürz aus den getrockneten und gemahlenen Chilischoten

Chorizos
spanische Würstchen aus rohem Schweinefleisch, kräftig gewürzt und leicht geräuchert

Consommé
franz. consommer = vollenden; besonders kräftige, klare Fleischbrühe

Courtbouillon
franz. court = kurz; bouillon = Brühe. Gewürzte Brühe zum Kochen von Fisch. Enthält keine Fischbrühe, sondern nur Gewürze und Wurzelwerk.

Fagottini
gefüllte Teigtaschen

Geklärte Butter
zerlassene Butter, die abgeschäumt und vorsichtig vom Bodensatz abgegossen wurde

Hold-o-Mat
Niedertemperatur-Garofen

Karamell
gebrannter Zucker; hellgelbe bis dunkelbraune, glasige Masse, die durch das Erhitzen von Zucker über 200 Grad entsteht.

Karkasse
das Gerippe kleiner Tiere, hauptsächlich Geflügel oder Fische. Die anhaftenden Fleischreste ergeben zusammen mit den Knochen eine gute Grundlage für Suppen, Saucen oder Fonds.

Kumquats
Goldorangen, Zwergorangen oder japanische Orangen. Die winzigen, runden Zitrusfrüchte mit dünner Schale kommen ursprünglich aus Ostasien und schmecken würzig-süß.

La-Rate-Kartoffeln
Kartoffelsorte. Als Ersatz kann man kleine, festkochende Salatkartoffeln nehmen.

Mandoline
Küchengerät zum Schneiden von feinen Scheiben

Mie de pain
franz. Brotkrume, durch ein Drahtsieb geriebenes, entrindetes Weißbrot

Mirepoix
gewürfeltes Röstgemüse als würzende Zutat für Saucen und Fonds, meist Wurzelwerk und Zwiebeln. Der Herzog von Mirepoix (1699–1757) gab dieser Saucenwürze den Namen.

Mirin
süßer Reiswein zum Kochen. Er wird aus destilliertem Reisbranntwein (Shochu) hergestellt, den man mit gedämpftem Klebreis und Koji (Gärungsmittel) vermischt. Die Mischung wird gebraut, gepresst und gefiltert. Durch Mirin erhalten Speisen milde Süße, Glanz und ein leicht alkoholisches Aroma.

Mostarda
italienische Senffrüchte

Nappieren
mit Sauce überziehen

Noilly-Prat
französischer Wermutwein (Aperitif)

Parieren
franz. parer = herrichten. Fleisch- oder Fischstücke vor der Zubereitung herrichten, z. B. Fett entfernen, Haut abziehen, Sehnen herausschneiden und in gleichmäßige Stücke schneiden.

Panko-Paniermehl
große Brotflocken. Dadurch bildet sich eine Panade, die mit Cornflakes vergleichbar ist.

Parisienne-Ausstecher
Ausstecher, mit dem Kugeln ausgestochen werden können.

Passieren
franz. passer = vorübergehen.
Eine Suppe oder andere Flüssigkeit durch ein Sieb oder Tuch streichen, seihen oder drücken.

Pernod
französischer Anislikör

Physalis
Kapstachelbeere, Frucht der tropischen Lampionpflanze

Pochieren
garziehen. Der Ausdruck kommt aus dem Französischen poche für „Tasche" und bezog sich zunächst nur auf das Kochen verlorener Eier, wobei das Dotter im Eiweiß wie in einer Tasche liegt.

Profiteroles
winzige Windbeutel aus ungesüßtem Brandteig

Puntarelle
wilde Hopfensprossen

Reduzieren
franz. réduire = einkochen.
Eine Flüssigkeit stark einkochen, um den Wassergehalt zu vermindern und den Geschmack zu verstärken.

Risinibohnen
kleine weiße Bohnen

Sabayon
Weinschaum

Salamander
Grill mit ausschließlicher Oberhitze

Sauteuse
Schwenkkasserolle mit abgerundetem Boden für kleine Gerichte, die während der Zubereitung teils geschwenkt werden.

Sautieren
franz. sauter = springen. Kurz in Butter anbraten und erst im Anschluss würzen.

Sechuanpfeffer
bei diesem Pfeffer handelt es sich um die getrockneten Beeren eines chinesischen Baums. Sie haben ein zartes Aroma, das an Anis und getrocknete Orangenschalen erinnert und schmecken sehr mild.

Shitake-Pilz
ostasiatischer Speisepilz, der auf Hartholz kultiviert wird.
Er schmeckt überraschend gut und soll die Widerstandskraft des Körpers stärken, sowie den Kreislauf anregen.

Silpat-Matte
Kunststoffmatte, die das Ankleben verhindert und hohe Temperaturen verträgt.

Siphon
Alubehälter, die früher für Sahne verwendet wurden. Mittels einer Gaskartusche wird mit Druck Kohlensäure in die Flüssigkeit geblasen.

Sternanis
sternförmige Früchte des Sternanisbaumes, der nur in Südchina gedeiht. Das Aroma ist feiner und kräftiger als das des Anis.

Tempura
sind Gemüse, Fleisch oder Fische, die in einem hauchdünnen Backteig frittiert werden.
Der Teig besteht aus Wasser, Mehl und Eigelb. In Japan reicht man zu Tempura ein Schälchen Fleischbrühe, die mit Sojasauce gewürzt wird.

Topfen
Quark

Topinambur
Erdartischocke, Sonnenblumenart mit hellbraunen, essbaren Knollen, die angenehm nussartig schmecken.

Touren geben bei Blätterteig
den Vorteig sternförmig ausrollen, den Butterziegel in die Mitte legen und die Teiglappen darüberschlagen.
Mit dem Nudelholz gleichmäßig von der Mitte her nach allen Seiten hin zu einem fingerdicken Rechteck ausrollen. Nun eine Seite bis zur Mitte hin einschlagen, die zweite Seite darüber schlagen. Rasten lassen, dann erneut zu einem Rechteck ausrollen und vierteilig zusammenlegen.
Das bedeutet:
die zwei äußeren Viertel legt man über die zwei inneren Viertel; daraufhin klappt man die zwei Doppelschichten wie ein Buch zusammen.
Erneut mindestens 30 Minuten kühl stellen, dann die einfache und doppelte Tour wie beschrieben wiederholen.

Wan-Tan-Teig
chinesischer Teig aus Mehl, Salz, Ei und Wasser.
Gibt es als Fertigprodukt im Asia-Laden.

Warm und kalt schlagen
Schaummasse auf dem Wasserbad aufschlagen, bis sie bindet. Dann aus dem Wasserbad herausnehmen und weiter schlagen, bis sie abgekühlt ist.
Dies gibt einer Masse Volumen und Bindung. Kalt schlagen ist sehr wichtig, wenn man mit geschlagener Sahne arbeitet, damit diese durch zu viel Hitze nicht zusammenfällt.

Zeste
dünn abgeschälte Schale von Zitrusfrüchten

Zolfino Bohnen
kleine weiße Bohnen

Verzeichnis

Damit dieses Buch zustande kommen konnte, waren wir auf die Unterstützung und Mithilfe des gesamten Teams angewiesen. Für die geteilte Begeisterung und die Bereitschaft noch mehr als das ohnehin Übliche zu leisten möchte ich mich bei meinen Mitarbeitern in der Küche sehr herzlich bedanken: bei meinem Sous Chef **Christian Rindler**, dem Chef Gardemanger **Hubert Rubatscher**, dem Chef Entremetier **Lukas Huber**, dem Chef Grill **Fabio Rubagotti**, dem Chef Saucier **Markus Hepp** und unserem Gardemanger **Nicola Laera**. Nicht zu vergessen den gesamten Service und unseren kompetenten Sommelier **Christian Rainer**. Ein ganz besonderes Dankeschön gilt auch dem Chef Pâtissier **Michael Billovits** mit seiner fleißigen Mitarbeiterin **Tanja Grandruaz**. Ebenfalls mitgeholfen haben alle Mitarbeiter vom **Rosa Alpina**, ganz gleich ob aus der Wäscherei oder unsere Hausmeister. Einen herzlichen Dank an die Firma **Schönhuber Franchi**, Bozen, **Schönhuber Franchi**, Bruneck und Firma **Fissler**, die uns den Großteil der Teller zur Verfügung gestellt haben. Ein Dankeschön für die Unterstützung an **Silvano Fantini** und **Menu System**. Dank auch an die Firma **Moessmer**, die für die Lodenausstattung zuständig ist. Bei dieser Gelegenheit möchte ich mich auch bei allen Lieferanten für die gute Zusammenarbeit in den vergangenen Jahren bedanken. Der größte Dank gebührt aber sicherlich der Familie **Pizzinini**, die dieses Projekt unterstützt hat, indem sie die logistische und finanzielle Basis bereitstellte und uns darüber hinaus maximales Vertrauen entgegenbrachte und absolute Handlungsfreiheit ließ.

Norbert Niederkofler

Udo Bernhart

Bildautor, geboren 1956 in Bozen, ist selbst ein begeisterter Hobbykoch. Für diese Arbeit qualifizierten ihn nicht nur zahlreiche Veröffentlichungen über Schlemmen in Südtirol, Restaurantführer und Kochbücher, sondern auch die erforderliche Leidenschaft und professionelle Erfahrung in der Food-Fotografie. In Norbert Niederkoflers Küche, wo er regelmäßig auftauchte, um sich nach dem Verbleib des nächsten Tellers zu erkundigen, fühlte er sich ausgesprochen wohl. Schwierig wurde die Arbeit immer nur gegen Mittag, sobald sich der Hunger einstellte – weshalb auch die köstliche Bauernente von Seite 78 nach dem Fototermin nicht den Weg zurück in die Küche fand...

Karin Bernhart

Textautorin, geboren 1959 in Frankfurt, ist Autorin zahlreicher Reportagen über Südtirols Restaurants und eines Restaurantführers. In der Anfangsphase dieses Kochbuches war sie vorwiegend als Fotoassistentin und Herold zwischen Küche und dem improvisierten Fotostudio in der Beautyfarm des Hotels Rosa Alpina tätig. Später folgte die Auseinandersetzung mit den Textformulierungen der Rezepte und die Erkenntnis, dass vieles, was zunächst aufwändig klingt, eigentlich gar nicht so schwierig ist. Aber auch das persönliche Fazit, dass es einige Gerichte gibt, beispielsweise alles, was im weitesten Sinn mit Gänseleberterrinen zusammenhängt, die man vermutlich doch besser den Profis überlässt und im Restaurant St. Hubertus genießen sollte.